Michael Hamburger
Letzte Gedichte

FolioVerlag
Wien | Bozen

Michael Hamburger
Letzte Gedichte

Aus dem Englischen übersetzt von Jan Wagner,
Uwe Kolbe, Klaus Anders und Franz Wurm

Herausgegeben und mit einem Nachwort
versehen von Iain Galbraith

Gedichte aus *Circling the Square* (2007) sowie aus dem Nachlaß von Michael Hamburger.

Alle Gedichte von Michael Hamburger erscheinen mit freundlicher Genehmigung von: The Michael Hamburger Trust.

© der deutschsprachigen Ausgabe
FOLIO Verlag Wien • Bozen 2009
Alle Rechte vorbehalten

Graphische Gestaltung: Dall'O & Freunde
Druckvorbereitung: Graphic Line, Bozen
Printed in Austria

ISBN 978-3-85256-477-7

www.folioverlag.com

Transfer XCI

INHALT

2004

Late January Morning/ Morgen, Ende Januar *(Jan Wagner)* .	10/11
A Nightmare/ Der Alptraum *(Uwe Kolbe)*	12/13
Terminal Tour/ Letzte Abfertigung *(Jan Wagner)*	16/17
Domestic/ Häusliches *(Jan Wagner)*	22/23
Towards Equanimity/ Dem Gleichmut entgegen *(Jan Wagner)*	36/37
Her Birthday's Weather/ Das Wetter an ihrem Geburtstag *(Jan Wagner)*	40/41
Aging V/ Altern V *(Uwe Kolbe)*	42/43
Against Brightness/ Gegen die Helligkeit *(Jan Wagner)* . . .	46/47
British Summer Time Suspended/ ‚Britische Sommerzeit endet' *(Uwe Kolbe)*	48/49
East Suffolk Lights, Late November/ Licht in East Suffolk, Ende November *(Jan Wagner)*	54/55
Magpie Palinode/ Palinodie auf die Elster *(Jan Wagner)* . . .	56/57

2005

One or More/ Einer oder mehrere *(Jan Wagner)*	60/61
Aging VI/ Altern VI *(Jan Wagner)*	66/67
The Way and Its Power/ Der Weg und seine Kraft *(Uwe Kolbe)*	68/69
Limits/ Grenzen *(Klaus Anders)*	72/73
Aging VII/ Altern VII *(Klaus Anders)*	76/77
Combat. Contest. Match/ Kampf. Wettstreit. Spiel *(Klaus Anders)*	80/81
The Wild Garden Released/ Der wilde Garten, freigelassen *(Klaus Anders)*	82/83

Yet Again/ Noch einmal *(Klaus Anders)* 86/87
Homo Sapiens – Homo Faber – Homo Rapiens/ Homo
   sapiens – Homo faber – Homo rapiens *(Uwe Kolbe)* . .   90/91
Electronocuted/ Tod durch Elektronik *(Franz Wurm)* . . .   94/95
Dowland Again/ Noch einmal Dowland *(Klaus Anders)* . .   96/97
Marrows, 2005/ Kürbis, 2005 *(Klaus Anders)* 100/101
Last or First/ Letzte oder Erste *(Uwe Kolbe)* 104/105
The Winter Visit/ Winterlicher Besuch *(Franz Wurm)* . . . 106/107
Circling the Square/ Rundung des Quadrats
   (Jan Wagner) 110/111
Winter Evenings, East Suffolk/ Winterabende,
   East Suffolk *(Uwe Kolbe)* 114/115

2006

Aging VIII/ Altern VIII *(Klaus Anders)* 118/119
Aging IX/ Altern IX *(Uwe Kolbe)* 122/123
Urgent Repair/ Eilige Reparatur *(Uwe Kolbe)* 126/127
Air on a Shoe-String/ Air auf einem Schnürsenkel
   (Uwe Kolbe) 130/131
Aging X/ Altern X *(Jan Wagner)* 132/133
A Cross-Roads Revisited/ Ein Scheideweg erneut
   gesehen *(Uwe Kolbe)* 136/137
In Detention/ In Haft *(Uwe Kolbe)* 140/141
Echoes/ Echos *(Jan Wagner)* 142/143
Three Moments, Sketched/ Drei Augenblicke,
   skizziert *(Klaus Anders)* 146/147
Sleep's Vessel/ Schlafes Schiff *(Klaus Anders)* 150/151

Aus dem Nachlaß

Reading The Anatomy of Melancholy/ Lesend Die Anatomie
   der Melancholie *(Klaus Anders)* 154/155

Dark Solstice, 2006/ Finstere Sonnenwende,
   2006 *(Franz Wurm)* 156/157
Winter Sun, East Suffolk/ Wintersonne,
   Ost-Suffolk *(Klaus Anders)* 158/159
Late Love/ Späte Liebe *(Klaus Anders)* 160/161
Contradiction, Counterpoint/ Widerspruch,
   Kontrapunkt *(Klaus Anders)* 162/163

Iain Galbraith:
Editorische Notiz 165

Anmerkungen 170

Übersetzer und Herausgeber 173

Nachweise 175

2004

Late January Morning

From east and north deduce
The still dubious light
Until, risen above the roof,
It glints on the southern horizon,
Tints bare tree-trunks, budding,
Rims with haloes the blackness
Conifers hug to their cores.

Against this coldest wall,
High window's misted panes
Last summer's last-lingering rose
With petals half-unpacked
Waves to a cryptic season,
None we can call our own
Whom each old friend's death leaves darkened,
Dimness of younger eyes
Grown too listless for seeing.

The blizzard-borne snow
Forecast for the week, will it shine?
More prescient, soil has allowed
Primrose to flower, aconite, snowdrop,
From burial will resurrect them
Bodily, though they droop.

And inch by inch this morning,
Watched, the rimed lawn turns green.

MORGEN, ENDE JANUAR [übersetzt von Jan Wagner]

Von Osten und von Norden her
Noch zögerlich das Licht,
Bis es sich aufschwingt übers Dach,
Den Horizont im Süden erhellt
Und nackte, knospende Stämme färbt,
Glorienscheine um die Schwärze legt,
Die Nadelbäume an ihr Kernholz drücken.

Vor dieser kältesten Wand,
Den beschlagenen Scheiben hoher Fenster,
Winkt des letzten Sommers verbliebene Rose
Mit den erst halb entrollten Blütenblättern
Einer rätselhaften Jahreszeit zu,
Die wir nicht unser nennen können,
Wir, die jedes alten Freundes Tod verdunkelt,
Jüngerer Augen Trübheit,
Zu teilnahmslos, um noch sehen zu können.

Wird er leuchten, der Schnee, den diese Woche
Ein Blizzard herbeitragen soll, wie es heißt?
Hellsichtiger ist die Erde, hat der Primel
Zu blühen erlaubt, dem Schneeglöckchen, Eisenhut,
Wird selbst die Begrabenen auferstehen lassen,
Die Körper, wenn die Köpfe auch hängen.

Ich schaue; Stück für Stück an diesem Morgen
Wird der mit Reif bedeckte Rasen grün.

A Nightmare

... From nowhere he makes for me,
This blank-faced anybody,
Hands me a fat floppy book.
Paperback? So it seems
Till the front cover splits
Horizontally when I turn it
In search of a contents list,
Reminder of what those might be.

'Your poems at last,' he proclaims.

Flicking through, I see
My rejected drafts of decades
Forgotten long ago,
Ragbag so thoroughly stuffed
That even the pagination
Is that of discarded sheets
And I can't tell how many
Or which the scavenger found.

'What?', I burst out, just able
Not to hurl the bundle at him,
'You've published my waste paper basket,
No, a dustbin more capacious
Left unemptied outside a house
Disowned, untenanted;
Didn't warn, consult me,
Sent me no contract, no proof.

So much for the author-ship,
This pirate vessel, leaky.
Before one passenger

DER ALPTRAUM [übersetzt von Uwe Kolbe]

… Aus dem Nirgendwo erwischt er mich,
Dieser bleichgesichtige Irgendwer,
Reicht mir ein fettes, schlappes Buch.
Paperback? Scheint so,
Bis der äußere Einband aufbricht
Waagerecht, wie ich ihn aufklappe
Bei der Suche nach dem Inhaltsverzeichnis,
Einem Wink, was drin sein mag.

‚Endlich Ihre Gedichte', erklärt er.

Beim Durchblättern sehe ich
Meine verworfenen Skizzen von Dekaden,
Lange schon vergessen,
Lumpensack so randvoll gefüllt,
Daß selbst die Paginierung
Von aussortierten Seiten stammt,
Und ich kann nicht sagen, wie viele
Oder welche der Straßenkehrer fand.

‚Was?', platze ich heraus, noch in der Lage,
Das Konvolut nicht nach ihm zu schleudern:
‚Sie haben meinen Papierkorb veröffentlicht,
Ach was, einen größeren Mülleimer,
Der ungeleert vor dem Haus stand,
Herrenlos, nicht vermietet;
War nicht abgemacht, nicht angefragt,
Haben mir keinen Vertrag geschickt, keine Korrektur.

Soviel zum Thema *author-ship*,
Leck ist dieses Piratenschiff.
Bevor nur ein Passagier

Pays for your ego-trip
Do me another favour:
An unremovable strip
Over the punished name:
For ever make it stick.'

He cringes, says nothing more.
In silence rage subsides
Into questioning, pity:

'Or don't – on second thoughts –
But shame the vanity
Of loving that made to last.
These might-have-beens, too, were mine,
My refuse, my abortions;
And what in the long run lasts longest
Is oblivion, nameless or named.
So thank you. Forgive the blame.'

Bezahlt für Ihren Egotrip,
Tun Sie mir noch einen Gefallen:
Einen unlösbaren Streifen
Über den gestraften Namen:
Machen Sie, daß er ewig klebt.'

Er duckt sich, sagt nichts mehr.
Im Schweigen legt sich der Zorn,
Wird Zweifel, wird Mitleid:

‚Oder lassen Sie's – beim zweiten Überlegen:
Doch Schande über die Eitelkeit,
Zu mögen, was zum Erhalt gemacht.
Dies Möglich-Gewesene war auch von mir,
Mein Ausschuß, meine Abtreibungen;
Und was auf lange Sicht am längsten hält,
Ist doch Vergessen, namenlos oder namhaft.
So seien Sie bedankt. Verzeihen Sie den Tadel.'

Terminal Tour

1

'Stay put', she said. 'This is it.
Starting-point, destination
Both Nowhere on your tickets.
Sit in the lounge – or quit
If a car for your recall
Was parked by you or summoned.
Your luggage? It's too light
For our scale's registration.
How, why, by whom this flight
Was booked, computerized
We have no means to tell.'

'Nor I. So thanks. Amen
To every complication.
Just let me share again
Air hostess litanies
Of safety, of salvation,
Jet organ introit,
A choir's unearthly swell,
The stop marked vox humana
Become angelical;
And clouds reversed in ice-light
Perversely let me praise.'

2

Landed indeed, I blink at the white and gold
Of so much baroque, such plump angels tumbling,
Walk what I'm told is the Prater, where nearly sixty years back

LETZTE ABFERTIGUNG [übersetzt von Jan Wagner]

1

‚Moment', sagte sie, ‚hier ist es.
Beide, Herkunft und Ziel
Sind Nirgendwo auf Ihrem Ticket.
Vielleicht die Lounge? – es sei denn
Sie haben einen Wagen
Geparkt oder kommen lassen.
Ihr Gepäck? Ist viel zu leicht
Und von der Waage nicht zu erfassen.
Warum, wie und von wem dieser Flug
Gebucht und gespeichert wurde –
Wir können es wirklich nicht sagen.'

‚Ich auch nicht. Danke. Und Amen
Zu jeder Komplikation.
Laßt mich nur noch einmal erleben
Die Stewardessenlitaneien
Zu Sicherheit und Heil,
Der Düsenorgel Introitus –
Ein Chor, sein Schwellen und Schweben,
Das Vox-humana-Register
Mit engelsgleichem Klang –
Im Eislicht rückwärts ziehende Wolken
Perverserweise besingen.'

2

Gelandet, fürwahr, blinzle ich das Weiß und Gold
Von so viel Barock an, die purzelnden feisten Engel,
Spaziere, wie man mir sagt, durch den Prater, wo ich fast sechzig Jahre

On leave from alpine service, more wondering
I strayed from the Hotel Sacher, conquerors' rest-house then,
Street map redundant now, guidebook discarded –
Indirection will see me through, between no-more and not-yet –
Among the few faces recognized, the many half-placeably strange
And these at work here once, removed, if not for ever.

Then off cross-country through plains past hills to high summits,
Through towns with names just remembered and names never noted,
Flashes of rail-side wildflowers, their guessed-at shapes
Blacked out too soon by tunnels –
Though the train also sang, hosannas,
Polyphony wordless from bass to descant,
Diapason for blocked ears, fulfilled in its fading.

3

But herded again, penned in
For departure; a little hitch
In transit, the first 'plane detained,
A zigzagging sprint through the maze of gates,
The right leg, aching, intent
On late retirement, the left,
Its grim propeller, bereft
And, oh, the one bag heavier –
But the craft already boarded,
Four hours to kill till the next,
A driver waiting in vain and leaving
On the other side of the sea
For the thirty-mile final stretch.

Nowhere once more. Blankness,
Dusk, advertisement-lit
While on the unseen, foreknown

Zuvor, befreit vom Alpendienst und voller Neugier,
Vom Rasthaus der Besatzer, dem Hotel Sacher, mich entfernte,
Stadtplan überflüssig, Reiseführer entsorgt –
Ein Umweg wird mich leiten zwischen Nichtmehr und Nochnicht –
Zwischen wenigen wiedererkannten, vielen nur scheinbar vertrauten
                                                        fremden Gesichtern,
Während jene, die einst hier arbeiteten, fort sind, für immer, mag sein.

Und dann querfeldein, durch Flachland, an Bergen vorbei auf die Gipfel,
Durch Städtchen mit Namen, die man noch kennt oder sich
                                              gar nicht erst merkte,
Das Leuchten wilder Blumen am Bahndamm, ihre gemutmaßten
                                                              Formen,
Allzuschnell von Tunneln verdunkelt –
Obschon auch der Zug sang, Hosiannas,
Wortlose Polyphonie zwischen Bass und Sopran,
Ein Diapason für schwache Ohren, im Ausklang vollendet.

3

Doch zurück in der Herde, eingepfercht
Zum Abflug; eine Panne
Beim Transit, weil ein Flugzeug ausfällt,
Ein Zickzacksprint durchs Labyrinth der Schleusen,
Das schmerzende rechte Bein will nichts
Als die verdiente Ruhe, das linke,
Sein unbarmherziger Antreiber, hilflos allein,
Und ach, die eine Tasche noch schwerer –
Doch der Flieger ist schon voll besetzt,
Vier Stunden totzuschlagen bis zum nächsten,
Und ein Fahrer wartet umsonst und fährt
Auf der anderen Seite des Meers
Die letzte Strecke von dreißig Meilen.

Inaccessible city outside
Not wholly homogenized yet
The real sun shines.

Wieder Nirgendwo. Die Leere,
Von Werbung erhelltes Zwielicht,
Während über der unsichtbaren, erahnten,
Der unerreichbaren Stadt dort draußen
Die noch nicht gänzlich vereinheitlichte
Wirkliche Sonne scheint.

Domestic

1

'Hardly a fantasy, except in dreams,
All sorts of things you put into your poems,
Their auras, their mutations, vanishings –
But out of doors – by preference, evasion?
Now verse, while you can, the habitation too
Called yours for some three decades,
Not a herbarium, this time, nor a zoo.
For once pick an interior. Let us in.'

Into a medley of anachronisms?
Being not one but many succesive mixtures
Of styles, materials, fixtures,
Hotchpotch, some of it botched, of odds and ends,
Amalgam of five centuries or so
Dream-gathered for his father-in-law-to-be
By an eccentric poet-painter-architect
Adding a studio wing
To labourers' cottages durably plain?
And the full inventory that would bore
Anyone save an agent, auctioneer
Or TV archaeologist breathless in glib surprise
That there's a past, flashed into and out of eyes,
Into and out of ears already surfeited?

Reduction, blanks, restriction
Make readable both history and fiction:
Fragments are what we know –
Even of our own selves: they come and go.
Habits of beauty, skill and expectation?
Sudden and slow is perception's way.

HÄUSLICHES [übersetzt von Jan Wagner]

1

‚Du bist kein Fantast, beim Träumen höchstens,
Packst alles Mögliche in ein Gedicht,
Die Aura der Dinge, den Wandel, ihr Verschwinden –
Doch immer draußen, aus Neigung oder Scheu.
Bedichte ausnahmsweise diese Wohnung,
Die fast seit drei Jahrzehnten deine ist,
Und kein Herbarium, keinen Zoo.
Nimm dir ein Interieur vor. Laß uns rein.'

In dieses Wirrwarr aus Unzeitgemäßem?
Nicht eine, ganze Serien von Melangen
Aus Stilen, Materialien, Zubehören,
Ein Mischmasch, Nippes, lauter Krimskrams,
Ein Amalgam von fünf Jahrhunderten,
Das der Exzentriker, der Dichter-Maler-Bauherr,
Der schlichte, doch robuste Werkmannshütten
Mit einem Atelieranbau versah,
Wie im Traum für seinen künftigen
Schwiegervater zusammenklaubte?
Das Inventar, das jeden gähnen ließe,
Nur einen Makler nicht, den Auktionator,
Den Fernseharchäologen, aalglatt, ganz baff
Ob der Vergangenheit, die vor den Augen flimmert,
Vor Ohren, die längst übersättigt sind?

Durch Straffung, Mut zur Lücke, Dichte,
Wird beides lesbar, Historie und Geschichte:
Nichts als Fragmente, was wir sehen,
Auch an uns selbst: Sie kommen und sie gehen.
Gewohntes – Schönheit, Können und Erwartung?

Wandering sunbeam at play
On leaves indifferent yesterday,
This crest, these branches fed
By roots in darkness, never dug up till dead.

2

Well it's a listed building. Listed for what,
Often we've wondered. Could it be
That inconveniences so multifarious,
So cumulative make it a rarity?
Tudor garage, unheatable, and adjoining
Tudor bread oven, bricked over, defunct
In deference to an AGA cooker
Converted to oil, if later, for labour-saving,
Hot water piped to the lion-legged bathtub upstairs.

That garage, though, on a bend in the lane
Asks for collision by speed or stealth –
Experienced once, since when it serves
As an apple-store from autumn to spring ...

If, curious, you search the middle cottage,
In a sitting-room closet you'll find
Proof that the Jacobeans, too, baked bread,
With that enrichment can load your head:
A second bread oven flue, dear to our cats;
Also, that leaded panes were made to last,
Like the wide hardwood floorboards,
Oak beams perennially wood-wormed, yet firm –
Unlike their deal replacements, brittle with rot ...

An expert recently revealed
Signs of a late mediaeval pre-existence –

Die Wahrnehmung ist beides, träge und jäh.
Das Spiel des Sonnenlichts auf Blättern,
Die man noch gestern übersehen hätte,
Und diese Krone – jeder Ast gespeist
Von Wurzeln, die man tot erst ihrem Schwarz entreißt.

2

Das Haus steht also unter Denkmalschutz. Warum,
Das fragten wir uns oft. Vielleicht
Macht es die Vielzahl seiner Unannehmlichkeiten,
Die bloße Masse schon zur Rarität?
Tudorgarage, unbeheizbar, nebenan
Der Tudorbackofen, vermauert und erloschen
Und einem AGA-Herd gewichen,
Später, zur Arbeitsersparnis, auf Öl umgerüstet,
Warmwasserrohre nach oben, zur Löwenfußwanne.

Die Garage aber liegt in einer Kurve,
Lädt förmlich ein zu einem Unfall,
Durch Raserei, dank ihrer guten Tarnung –
Was einmal vorkam: Seitdem dient sie
Zwischen Herbst und Frühling als Apfellager ...

Wenn du neugierig das mittlere Haus durchstöberst,
Findest du in einer Nische des Wohnzimmers
Den Beleg, daß auch zu Zeiten Jakobs I.
Die Leute Brot zu backen wußten,
Kannst diesen Wissensschatz im Kopf verstauen:
Den Rauchfang eines zweiten Ofens, beliebt bei den Katzen;
Dazu, daß bleigefaßte Scheiben ewig halten,
Genau wie die breiten Hartholzdielen,
Die Eichenbalken, trotz Wurmbefalls robust –
Im Gegensatz zu den ausgewechselten

Intuited perhaps by the conflating architect
When in the 1920 studio he installed
A stone baronial mantelpiece of that period –
Genuine or replica the smoke-stains have concealed.

As for the after-life,
It's marked by a water-pump inscribed 1770 –
A date not indifferent to me, never mind why …
Or the various underground cisterns,
Why, when and where they were lined with care,
What need or luxury they supplied –
Rain water pumped into his lady's bath
By the late Colonel, our predecessor
Who to a gossipy Rector calling
Would say: 'I'll give you five minutes, Padre'…

3

Oh, this eccentric house -
A bit of everything, with gadgets that were modern
In 1920 or in 1930,
Now worn, senescent, dirty.
That studio was partitioned, central heating conducted
To part of the whole, still never warm in winter,
Source of the latest loss:
A leaking radiator, senile, that in our absence
Drenched the box files of irreplaceable papers
Left on the floor of the library it became.

So fondness has turned ironic,
Rhymes it comes up with limpingly Byronic
While we bear with them still, the drudgery, damage, bother,
Indulge them as one does a great-grandmother
In her third childhood … bustle on, though lame …

Aus Kiefernholz, die brüchig sind von Fäulnis ...

Ein Fachmann wies vor kurzem nach, daß schon
Im späten Mittelalter etwas da war –
Was der Verquickungsarchitekt vielleicht schon ahnte,
Als er im Atelier von 1920
Ein steinernes und prunkvolles Kaminsims
Aus jener Ära anbrachte – ob Imitat,
Ob echt, läßt sich aufgrund der Rauchflecken nicht sagen.

Charakteristisch für das Leben danach
Ist die Wasserpumpe mit der Inschrift 1770 –
Ein Jahr, das mir wichtig ist, aber lassen wir das ...
Oder all die unterirdischen Zisternen,
Warum und wann man sie mit Sorgfalt füllte,
Welchem Luxus, welchem Zweck sie dienten –
Das Regenwasser, das der selige Oberst
Ins Bad seiner Lady pumpte, unser Vorbesitzer,
Der jenem Klatschmaul, einem Pfarrer, der vorbeikam,
Eröffnete: ‚Sie haben fünf Minuten, Padre ...'

3

Oh, dieses exzentrische Haus –
Von allem etwas, in den Zwanzigern,
Den Dreißigern moderne Vorrichtungen,
Die jetzt veraltet sind, verschlissen, dreckig.
Das Atelier wurde geteilt, ein Abschnitt ist seitdem
Zentralgeheizt, wenn auch nie warm im Winter
Und schuld am jüngsten Verlust:
Ein alter, leckender Heizkörper durchnäßte
Die Schachteln voller unersetzlicher Dokumente
Auf dem Fußboden der heutigen Bibliothek.

And could bleat on till silenced – but for shame.

4

Beyond the studio annexe, where the lane is straight
Stands that on which I'll concentrate:
A Nissen hut, crass utility plonked there
For a real war, the house requisitioned
As a rest-home for men commissioned
And more or less disabled –
Their attendants also to be housed or stabled –
Then, when the Colonel had bought the place,
He a handyman, contraption-maker,
A rusting memorial, transmogrified:
To him as good as listed,
Spacious enough, besides, for lumber and recollection ...
Yes, and a car – or two, were a second required.

Inside, on what were shelves or dumped the length of the walls,
More relics, of detritus, disuse,
Timbers, slats half-decayed,
Weatherboards, doors, broken mowers,
Tools that might have been mended,
Bamboo canes from the marsh, stacked there so long
That they themselves would need propping,
Glass covers for the coldframe whose brick foundations
Long ago crumbled away ...

Sixty years on, it's nature again, naturalizing,
That hides, redeems the intruding eye-sore,
Holds together – how? – the convenient structure,
Corrugated iron curved double sheets of the roof
Patched with plastic surrogates, rust-free, that crack,
Camouflaged now for a truce of sorts, sealed

So wurde unsere Zuneigung ironisch
Und das Bereimen humpelte byronisch,
Derweil wir all die Plackerei, die Plagen
Wie eine Urgroßmutter immer noch ertragen,
Die kindisch wird ... so macht man weiter, noch als halb Gelähmter,
Und könnte ewig jammern – wenn man sich nicht schämte.

4

Hinter dem Atelier, beim geraden Straßenstück,
Steht das, was jetzt ins Zentrum rückt:
Die Wellblechhütte, ein grober Nutzbau, hingeklotzt
Zur Kriegszeit, als man Haus und Land
Für die Versehrten requirierte,
Damit sie sich, mitsamt
Ihrem Gefolge, ihrem Stab kurierten,
Und, als der Oberst dann das Gut erwarb,
Erfindergeist und Mann für alles,
Zu einem rostigen Denkmal geworden:
Für ihn so gut wie ein geschützter Bau,
Mit Raum genug für Plunder und Erinnerungen ...
Und ja, auch für ein Auto – sogar zwei, falls nötig.

Im Innern, auf Regalen oder an den Wänden aufgetürmt,
Noch mehr Relikte, Überbleibsel, Schutt,
Bauholz, halbverfaulte Latten,
Türen, Schalbretter, kaputte Rasenmäher,
Werkzeug, das man hätte reparieren können,
Bambusstäbe aus dem Moor, so alt,
Daß sie selbst gestützt werden müßten,
Glasdeckel für den Pflanzenkasten, dessen Fundament
Aus Ziegeln längst zerbröselt ist ...

Es wird Natur nach sechzig Jahren, naturalisiert sich,

By a cover of evergreen ivy,
Clouded in June with the clustered white
Of the most potent of rambler roses, tiniest multiflora.

True, no more swallows bravely whizzing
To their nests through a gap in the panes,
No more stove recalled from other rank service
That made such barrack room huts a home,
Floor palliasse our bedding –
Unless on groundsheets we slept out of doors,
Only canvas for shelter
And – neither stove nor dry ration carried –
With a bayonet filched a turnip,
Raw grub, from some farmer's field …

A hint, for you, of continuity
Which furniture, too, attests, and an archive salvaged
From wreck, disruption, deep forgetfulness –
But every salvaged thing threatened again by the sea …

5

Do I let you in?
So far, no farther, friend,
Halting, halted before the end of a story
That can no more end than begin …

Histories, mysteries, whether our own or another's
We took over, lived in, conserved where we could
And, if we can, shall pass on,
These tenants, too, gone.

The rest, much more, I must withhold,
If by interior you meant confession:

Verbirgt die aufdringliche Häßlichkeit, macht sie vergessen,
Hält den funktionalen Bau zusammen – wie bloß? –,
Das doppellagige Wellblech auf dem Dach,
Geflickt mit Plastikscheiben, rostfrei, aber rissig,
Getarnt in einer Art Waffenruhe, versiegelt
Mit einer Schicht von immergrünem Efeu,
Im Juni umwölkt von den weißen Büscheln
Der stärksten aller Schlingrosen, winzig und vielblütrig.

Es stimmt, keine Schwalben sausen mehr tollkühn
Durch Lücken im Fensterglas zu den Nestern hin,
Kein Herd erinnert mehr an den Dienst in Reih und Glied,
Der aus Baracken wie dieser ein Zuhause machte
Mit Strohmatratzen auf dem Boden als Betten –
Wenn wir nicht im Freien auf Zeltbahnen schliefen,
Uns mit bloßem Segeltuch zudeckten
Und – mangels Kocher und Trockenverpflegung –
Mit dem Bajonett eine Steckrübe, rohe Kost,
Vom Feld irgendeines Bauern stibitzten ...

Für dich ein Zeichen von Beständigkeit,
Wie auch das Mobiliar und ein Archiv, das vor Ruin,
Zerschlagung, tiefstem Vergessen bewahrt wurde –
Doch allem Erretteten droht erneut das Meer ...

5

Lasse ich dich hinein?
Bis hierher und nicht weiter, Freund,
Verhalten, angehalten vor dem Ende einer Geschichte,
Die weder enden noch beginnen kann ...

Geschichten, Geheimnisse, unsere, die anderer,
Die wir übernahmen, bewohnten, womöglich bewahrten

Vain words are poison worse than indiscretion,
From which a truth can spring, to one grown old,
The too much of a life untellable – if not already told
By intimation of what's intimate,
Mere moments, always, that could centre
Slow years, slow centuries of this eccentric house
Whose dubious core not you nor I can enter.

6

How did it come about, this tenancy?
Need you ask? – Absurdly, foolishly:
Random fancy first, then obdurate grimness,
Defiant, or loyalty as perverse
As blessing, sustenance capsuled in a curse.

It was a mulberry tree,
Centenarian at least, that seduced us buyers,
Made us the occupiers
Of what went with it, nobody sane would touch,
As the surveyor warned, dissuading us,
Listing the defects for clients deaf to such:
So mixed, these modesties are ruinous,
This minimality will prove too much ...

An infamous hurricane laid our landmark flat,
Half the root ripped, the bulk and leafage sprawling
On flowerbed, lawn and path – a surgical case,
One upright branch only spared from sawing, lopping
In hope that the half-root, trunk's torso now prostrate
Might still sustain just that.

They did, made more of less,
New growth, new fruitfulness,

Und, wenn wir es können, weiterreichen,
Sobald auch diese Pächter weichen.

Den großen Rest muß ich für mich behalten,
Falls du mit Interieur Intimes meintest:
Geschwätz ist giftiger als Unbesonnenheit,
Die ein Gran Wahrheit bergen kann für einen Alten
Wie mich; das Vielzuviel an einem Leben,
Das nicht erzählbar ist – wenn es nicht schon enthalten
In Andeutungen ist von Insgeheimem,
In bloßen Augenblicken, wo sich all die Jahre,
Jahrhunderte des sonderbaren Hauses plötzlich fangen,
Zu dessen unbestimmtem Kern nicht du, nicht ich gelangen.

6

Wie es zum Pachtverhältnis kam?
Höchst albern, läppisch, wenn du's wissen mußt:
Erst Zufall, Laune, dann grimmige Verstocktheit,
Ein Trotz und eine Treue, die zugleich beschränkt
Und Segen ist, ein Fluch, der neue Kräfte schenkt.

Es war ein Maulbeerbaum
Von hundert Jahren oder mehr, der uns betörte,
Uns alles, was dazugehörte,
Mitpachten ließ. Nur etwas für Verrückte,
Versuchte der Verwalter abzuraten
Und zählte tauben Ohren Mängel auf und Tücken:
Das derart Schlichte würde unser Schaden,
Die Minimalität uns schier erdrücken ...

Ein berüchtigter Orkan riß unser Wahrzeichen um,
Die halbe Wurzel raus, legte Rumpf und Krone quer
Über Rasen, Beet und Weg – ein Fall für die Chirurgie,

Out of near-death by amputation
Let a poor nucleus live.

And there's one positive
For you, within a wry narration,
Inaudible pulse within the real estate,
Unlisted throb, unlistable, unhoused.

Und nur ein Ast blieb verschont von Säge und Schere,
In der Hoffnung, daß der nunmehr umgestürzte
Stammestorso und die Halbwurzel
Zumindest ihn noch retten würden.

So war es auch: Aus Wenigem, das blieb,
Kam neues Wachstum, neuer Trieb,
Trotz Not-OP und nahem Tod,
Blieb dieser kümmerliche Kern erhalten.

So sieht man durchaus etwas Gutes walten
In einem Text, getränkt von Spott,
Das unhörbare Pulsen im Gebäude,
Ein Pochen, ungeschützt und unbehaust.

Towards Equanimity

Brightest July between the darkenings
But cold, as though a waiting now for autumn,
Winter again, perhaps another spring
Of jonquils drenched, plum blossom perishing,
Ripped by the winds at war.

If light behind the eyes
Refuses eager reciprocity,
Dimmer it was before,
Blacked out against the bombers,
So spared the recognition
By searchlight of their mission
To set ablaze or, blasting, raze the house.

Seeing, from first to last,
Is a response to the sun,
Sun's moon at least, far glitter
From some more alien planet.
No war was total, no window wholly blind
While one night's candle guttered.

The stored light, memory's,
Can that sustain a seeing?
A film's, it flashes by
Faster than breath, than any creature's being,
Human or butterfly.

Here, our survival's house,
Rot grows preposterous.
Outside, wronged nature breeds
Thicker and denser weeds,
In limbs a weariness, cross-fire of pain
Leave late exertions vain –

DEM GLEICHMUT ENTGEGEN [übersetzt von Jan Wagner]

Hellster Juli zwischen Dunkelheiten,
Doch kalt, als warte alles auf den Herbst,
Den Winter oder einen weiteren Frühling
Mit durchnäßten Jonquillen, vergehenden Pflaumenblüten,
Die kriegerische Winde zerfetzen.

Mag auch Licht hinter den Augen
Eine regere Zusammenarbeit verweigern,
So war es doch einmal schon schwächer,
Verdunkelt wegen der Bomber,
Die unbemerkt vom Strahl
Der Suchscheinwerfer flogen, denen man befahl,
Häuser in Brand zu setzen, sie ansonsten
Noch im Zerschellen zu zerstören.

Sehen ist im Wesentlichen
Ein Reagieren auf die Sonne,
Der Sonne Mond zumindest, auf den Abglanz
Eines noch viel fremderen Planeten.
Kein Krieg war total, kein Fenster wirklich blind,
Sofern die Kerze einer Nacht noch tropfte.

Das gespeicherte Licht, das der Erinnerung –
Kann es dem Sehen Rückhalt geben?
Wie das des Films währt es nicht lang,
Vorbei wie ein Atemzug, eines Wesens Leben,
Egal ob Mensch, ob Schmetterling.

In diesem Haus hielten wir stand.
Jetzt nimmt die Fäulnis überhand,
Zieht die geschundene Natur
Ein dichteres Unkraut vor der Tür,
Im schwachen Leib das Kreuzfeuer der Pein
Läßt jede Mühe nutzlos sein –

To antiquated lovers, you and me
Through clash and crash and clutter
Still, too, the morning sky
Earthlight of evening primrose opening,
At night cow's moan, owl's cry,
Homed? heard? remembered? hints of house martins' mutter.

Timor mortis? Too well
I have rehearsed the going,
Before the bombs fell learned
That loss of love not life was their undoing
Who young were numbed, conscripted to the hell
That turns to dusk each dawn –

Yet need not, did not when
Half-blinded we faced fire,
By rote, by regimen,
Behind blank eyes for fire's sake, for the sun's,
Though that fire could go out, all light withdrawn.

Recurrence even calls
For change behind the eyes;
From births and burials
A blur of strangeness clings
To long familiar places, features, things.
Dredged up with flux deposits, they surprise.
Re-hung, this drawing of you girlish gathers
Meaning from all you've been.

Lingering now, we're blessed
With slowness, let eyes rest
On continuities,
Darknesses, lights that mingle and seem one,
So many we have seen.

Doch auch – für antiquierte Liebende, dich und mich,
Nach Widerständen, Stürmen, Wirrnis –
Noch immer dieser Morgenhimmel,
Das Erdlicht abends, das Aufgehen der Primel,
Das Stöhnen der Kühe nachts, die Eulenrufe,
Gehört? erinnert? heimgekehrt? das Hausschwalbengemurmel.

Timor mortis? Zu gründlich
Studierte ich ihn ein, den letzten Gang,
Lernte schon, bevor die Bomben fielen:
Verlust von Liebe, nicht von Leben machte die zuschanden,
Die jung waren, betäubt, sich in der Hölle wiederfanden,
Die einen Abend aus dem Morgen macht –

Doch es nicht muß und auch nicht tat,
Als wir halbblind dem Feuer gegenüberstanden,
Tagtäglich, aus Gewohnheit,
Im leeren Blick – des Feuers und der Sonne halber,
Ob nun das Feuer ausging oder nicht – kein Licht.

Wo alles Wiederholung ist,
Vollzieht der Wandel sich hinter den Augen;
Geburten und Begräbnisse
Versehen Dinge, längst vertraute
Orte mit dem Glanz des nie Geschauten.
Mit Sedimenten hochgebaggert, lassen sie dich staunen.
Das wieder aufgehängte Mädchenbild von dir zieht seinen Sinn
Aus all dem, was du warst.

Wir bleiben noch, bedacht
Mit dem Geschenk der Langsamkeit, betrachten
Die Dinge, die bestehen,
Lichter, Dunkelheiten, die verschmelzen, eins sind,
So viele haben wir gesehen.

Her Birthday's Weather

Mulberry stain, purple, on fingers fumbling
For a September dessert of earth, wood savours
Grittily sweet – to feet stumbling
Over roots exposed in a hurricane
Drops of blood-dark juice, no matter now
Whether a tree's, a man's or woman's,
The first and last of long marriage
All mixed in this day's light,

Azure so pure, refracted
By dragonfly wings at rest
Glittering, late, as though denying
Departure of more than leaves, ever,
Where limbs, trunks too have been dying.

If still gathering, garnering, sowing –
To serve whose meal, what need? –
With one word, fumbling, we could reach the hub
Of such conjunction, then
It would be our unknowing
That melted it, put the picked name to shame.

DAS WETTER AN IHREM GEBURTSTAG   [übersetzt von Jan Wagner]

Maulbeerflecken, purpurn, auf Fingern, das Tasten
Nach einem Erddessert im September – Waldarom,
Knirschend süß – auf Füße, die über Äste
Und Wurzeln stolpern, freigelegt vom Sturm,
Tropfen des blutdunklen Saftes – ganz gleich jetzt,
Ob von Baum, von Mann oder Frau,
Die Gesamtheit einer langen Ehe
Eingewirkt ins Licht dieses Tags,

Ein reines Azur, das sich bricht
In den Flügeln einer ruhenden Libelle,
So spät noch ihr Flimmern, als leugnete dies,
Daß jemals mehr als Blätter verschwinden könnte,
Wo selbst Äste, selbst Stämme verkümmern mußten.

Wenn sich dennoch durch Sammeln, Lagern, Säen –
Für wessen Mahl? zu welchem Zweck? –
Mit einem Wort: Durch Tasten zu dem Kern
Eines solchen Bundes gelangen ließe, so
Löste nichts als unser Unwissen
Ihn auf, beschämte die Namenwahl.

Aging V

(For J. S.)

Our minute-hands, warped, slow down,
The days accelerate,
Long distance runners who lapped or lapping
Strain for the finishing line
That marks them out for stillness.

So round the seasons, above,
Clouds race or, drifting, shift,
Break for the exceptional sun.
Rarely seen or heard since May,
By late September, now
The high-flying swifts must be gone,
But a rhododendron flowers.

Time? The currency
Microchips mint, apportion
As they do status, fame.
Whatever we do, leave undone,
Our weeks have shrunk to days:
Spectators at our own game,
We can't care enough to count,
On the lean runner, the strapping
Dreamily, cloudily gaze.

Nonagenarian friend,
My first of the scribblers' tribe,
Brave runner forgotten in London,
Shuffling on there, do you
Watch clouds in your blocked-out sky,
Warmed when the sun breaks through?

ALTERN V [übersetzt von Uwe Kolbe]

(für J. S.)

Unsre Minutenzeiger sind verzogen, zögern,
Die Tage werden schneller,
Langstreckenläufer, überrundet oder überrundend,
Ziehen für die Ziellinie an,
Die sie auszeichnen wird mit Ruhe.

So erfüllen sich die Jahreszeiten, droben
Jagen Wolken oder lüften treibend sich,
Lücke für die ausnahmsweise Sonne.
Kaum gesehn, gehört seit Mai,
Im späten September, nun
Sind die hoch-fliegenden Mauersegler wohl fort,
Aber der Rhododendron blüht.

Zeit? Eine Währung
Von Mikrochips gemünzt, Zuteilung
Gibt's davon wie an Status, an Ruhm.
Was wir auch tun oder ungetan lassen,
Die Wochen sind auf Tage geschrumpft:
Zuschauer beim eigenen Spiel,
Aufs Zählen zu setzen, gelingt uns nicht mehr,
Auf den schlanken Läufer, den zähen
Starren wir trübe, verträumt.

Neunzigjähriger Freund,
Mein erster vom Stamm der Skribenten,
Mutiger Läufer, vergessen in London,
Weiter am Schlurfen dort, schaust du
Wolken in den dir verschlossenen Himmel,
Gewärmt, wenn die Sonne durchbricht?

Or what, while dead words dance
Remains your sustenance?

Oder was, wenn tot die Worte tanzen,
Bleibt dein Unterhalt?

Against Brightness

Towards winter, my hearing blocked,
Air empty of song-thrush, blackbird,
What is it that cries out
From my bow-saw, moans, then screams?
The blade's toothed metal, mindless,
Dead wood of an ash-tree's limb shed?
Their friction, of course, mechanical
As bullets fired into a body
Quite still but may-be not killed enough
Where it's weapons that have their will –
Loud now, strident, as if
Earth matter had found a voice
To pound through the sieve of ears never open
Its pith, violation's pain.

Worse, when the work is done
Silence will mend again,
Our lowland mountain range, cloud,
Dissolving, make way for sunrays
Which halo the higher leaves not yet fallen.
Later, the logs, aglow,
With innocent warmth will soothe us,
Their mite of residue
So light, so nearly white,
It can merge in each day's dust.

GEGEN DIE HELLIGKEIT [übersetzt von Jan Wagner]

Der Winter nahe, das Hören gehemmt,
Die Luft verlassen von Drossel, Amsel;
Was aber klagt da
Unter der Säge, jammert, schreit auf?
Das unbeseelte, gezahnte Metall des Blattes,
Der abgetrennte, tote Ast einer Esche?
Reibung, natürlich – ein so mechanischer Vorgang
Wie das Feuern von Kugeln in einen Körper,
Reglos zwar, doch vielleicht noch nicht tot genug,
Wo Waffen ihren Willen haben –
So laut jetzt, so schrill, als hätte
Die Erdmaterie selbst eine Stimme bekommen,
Um durch das stets verschlossene Sieb der Ohren
Die Seelenpein, der Geschändeten Schmerz zu zwingen.

Schlimmer noch: Ist die Arbeit getan,
Stellt wieder Stille sich ein,
Der Gebirgszug des Flachlands, die Wolken
Verschwinden, lassen die Sonne einen Lichtkranz
Um die oberen, noch nicht gefallenen Blätter legen.
Später werden die Scheite glühen,
Trost spenden mit unschuldiger Wärme,
Ihr bißchen Rückstand
So fein, so nahezu weiß,
Daß er sich im Staub des Tags verliert.

British Summer Time Suspended

1

This morning of the day before
We wake to weird penumbra, more
The westering moon's, full-bodied, clear
Than the blurred sun's – as though the very season,
Grown weary, mingled dawn with night,
The generator bleary, not our sight,
A matted silver-greyish-white
Colour enough for things of earth and air,
Contour enough for tree-crests leaved or bare.

2

Well, even to pure reason,
To Einstein as to Plato,
Time was a hot potato.
Not so to impure reason, politics
Long wise to nature and her mocking tricks:
Uncertainty is what few minds can bear.
So cut the knot with clocks,
Suppress the paradox.
Just wind back by one hour
Those minute-hands, ignoring that their power,
If microchip-driven, too may lack
Resistance to a two-way track.
The winders then will rise
To serviceable roads and skies
Through which to travel with no need to know
What makes the wheels turn, why they come and go.
In function is their peace,

‚BRITISCHE SOMMERZEIT ENDET' [übersetzt von Uwe Kolbe]

1

Des Morgens an dem Tag vorher
Erwachen wir bei unheimlichem Zwielicht, mehr
Helligkeit vom scheidenden Mond, dem vollen,
Als von der verwaschenen Sonne – als ob die ganze Jahreszeit,
Ermüdet, Dämmerung und Nacht vermischt,
Der Dynamo funzelt, nicht unser Augenlicht,
Silber-Gräulich-Weiß, verwischt,
Genug an Farbe für die Dinge von Erde und Luft,
Für Baumkronen, beblättert oder nackt, Kontur genug.

2

Nun, selbst bei der reinen Vernunft,
Bei Einstein wie bei Plato
Galt als heißes Eisen die Zeit schon.
Nicht so der unreinen Vernunft, der Politik,
Lang aufgeklärt betreffs Natur, ihres Spotts, ihrer Tricks:
Unschärfe halten die wenigsten Geister aus.
Zerschlage also den Knoten mit Uhren
Und halt so das Paradoxe unten.
Dreh einfach zurück eine Stunde
Die Zeiger, achte nicht drauf, daß ihre Runden,
Wenn Mikrochip-getrieben, ebenso könnten ermangeln
Des Widerstands gegen zweierlei Bahnen.
Zurückdreher werden sich wecken lassen
Zu Himmeln und brauchbaren Straßen,
Auf denen man reist, ohne Not zu wissen,
Was treibt Räder an, läßt sie kommen, missen.
Im Funktionieren ihr Frieden,

Their profit, their increase
And by conjunction function is imposed.
So Bob's your uncle and the matter closed.
By dot-com, radio, tabloid, box,
In every type and clef,
To babies, morons, lunatics and crocks,
Alzheimer cases, yes, the blind and deaf
The change must be conveyed:
'All that was given now is made.
Yet as a hand-out we confer
This benefit on him and her,
This abstract panaceic sticking-plaster,
Tiktox, your synchronizing comforter
That will kiss better pains, allay disaster
Throughout the next half-year.'

3

Gobbledygook reigns over nothingness,
Murkier mornings, day's duration less,
No energy saved while in the earlier dark
Lamps glare on workers, flood their crammed car park.

As for disaster, it's such chronic fare
That without condiments we've ceased to taste or care.
Judgement closed down, 'For Sale' on the gates of Hell,
Science feeds headlines with a parallel,
Global and hyper-global crash
Boosts news consumption, rakes in still more cash,
Eccentric orbit, meteor, eclipse
Whet a cloyed hunger for apocalypse.

Ihr Mehrwert, Zunehmen,
Durch Konjunktion ist Funktion gegeben.
So ist alles in Butter und die Sache gewesen.
Durch dot.com, Radio, bunte Blätter, Fernsehen
Jeder Type, jeder Tonart
Für Babys, Irre, Mondsüchtige, Angefaulte,
Alzheimerfälle, ja, Blinde und Taube,
Der Wechsel wird allen nähergebracht:
‚Was früher gegeben, wird heute gemacht.
Schon wird sie als milde Gabe verteilt,
Die Wohltat sie und ihn ereilt,
Abstraktes Allheilmittel-Klebepflaster,
Tiktox, dein gleichschaltender Tröster
Küßt fort die Schmerzen, lindert Unheil prompt
Fürs ganze Halbjahr, das kommt.'

3

Fachchinesisch herrscht über die Nichtigkeit,
Trübere Morgen, kürzere Tageszeit,
Kein Strom gespart, wenn in dem früheren Dustern
Lampen grell Arbeiter anstrahlen, Parkplätze verstopft im Flutlicht.

Vonwegen Unheil, das ist solche Dauer-Kost,
Die ohne Würze wir nicht schätzen, die uns nicht bekommt,
Geschlossen das Gericht, ‚For Sale' an den Pforten der Hölle,
Die Wissenschaft liefert Überschriften mit parallelem,
Globalem und hyperglobalem *Crash*,
Treibt Nachrichtenbedarf voran, fährt noch mehr ein vom *Cash*,
Exzentrische Laufbahn, Meteor und Eklipse
Stachelt der Übersatten Hunger an nach der Apokalypse.

4

In natural halflight, though, I strum
This desultory ricercar
Through 'were' and 'will-be', 'can-be' back to basic 'are',
Old age that leaves a life's curriculum
As labyrinthine, entrance, exit, end
Dubious, subverts all fixed chronology.

Where am I when I pause from verse to tend,
Still, our wild garden of remembered flowers,
The sown, self-seeded, dormant, posthumous,
The once or not yet 'ours',
Their names dissolved, their provenance forgotten?
In jumble humbled there, I'm free,
While labouring, to let them be
Playthings of mutable light that's lent to them and me;

Return then to this bay, in drift my anchorage,
For words a landing-stage,
The roof about to crack, window-panes rotten –
A place reliable as the winds, the sea
From which, in its old age, it harbours me,
So that with loose anachronistic rhyme
I may defy fictitious time,
Found in the maze a round economy
Of loops, of indirection overcome,
Chime on through summer time suspended
With nothing, nothing ended.

4

In natürlichem Halblicht, dennoch klimpere ich
An diesem halbherzigen Ricercare
Durch ‚waren' und ‚wird-sein' ‚mag-sein' zurück zum schlichten ‚sind',
Des Lebens Kreise macht das Altern
Labyrinthisch, Eingang, Ausgang, Finis
Zweifelhaft, untergräbt die starre Chronologie.

Wo bin ich, wenn ich's Dichten unterbreche, hege
Noch immer unsern wilden Garten erinnerter Blumen,
Der gesäten, selbstausgesäten, latenten wie postumen,
Der einmal oder nicht einmal ‚besessnen',
Verblaßt ihre Namen, ihre Herkunft vergessen?
Voll Demut in dem Wirrwarr dort bin ich frei,
Bei der Arbeit daran, daß alles bloß sei
Spielzeug des wechselnden Lichts, das ihnen wie mir sich leih;

Kehr zurück dann in den Erker, zum driftenden Ankerplatz,
Den Worten eine Landebrücke,
Das Dach im Einsturz, Fensterscheiben in Stücke –
Ort zuverlässig wie die See, der Wind,
Woher er, weil er älter ist, mich zu sich nimmt,
So daß ich mit losem, anachronistischem Reim
Der unechten Zeit zu trotzen finde,
Im Labyrinth eine runde Ökonomie begründe
Der Schleifen, die Mittelbarkeit überwinde,
Fortreime durch die Sommerzeit, die endet,
Auf nichts, nichts, das beendet.

East Suffolk Lights, Late November

Maple leaf-coloured from fallen foliage
Cock pheasants come out to forage
Among medlars frost-ripened, dropped from the tree.
From long occlusion sunbeams emerge
On to rime that reflects them,
Make a wake for the deepened red
Of one lingering blossom, sparaxis
Limp at last, lying flat.

But high on the house
A climber decades old
Against moon coldness opens rose-coloured petals –
Pale when the evening skies
With amber, cornelian, vermilion to scarlet
Rim clouds drifting eastward
From the western, southern on fire.
Lower, through hedgerows darkening
An aquamarine never summer's glows.

LICHT IN EAST SUFFOLK,   [übersetzt von Jan Wagner]
ENDE NOVEMBER

Ahornblattfarben von gefallenem Laub
Kommen Fasanen hervor, suchen ihr Futter
Zwischen frostgereiften Mispeln unterm Baum.
Nach langer Zeit im Verborgenen fällt Sonne
Auf Rauhreif, fängt sich in ihm,
Wacht übers tiefere Rot
Der verbliebenen Blüte, der Zigeunerblume –
Auch sie nun erschlafft und gebeugt.

Hoch oben am Haus jedoch
Öffnet ein jahrzehntealtes Rankengewächs
Rosenfarbene Blüten unter der Kälte
Des Mondes – bläßlich, wenn die Abendhimmel
Mit Bernstein, Carneol, Zinnober-, Scharlachrot
Die Wolken rahmen, die vom Westen
Und Süden ostwärts ziehen, brennen.
Weiter unten, zwischen dunkelnden Hecken,
Ein Aquamarin, keines Sommers, sein Leuchten.

Magpie Palinode

Marauders, infanticides
Too humanly once I traduced them,
Fell into symbol, seduced,
Reduced to black and white
Hints of a steel-blue sheen,
Glints too of other tints
In their eyes, their casing plumage,
Saw no grace in their hopping, grounded

As this resident pair, come down
On to the garden table
For dole, strewn winter seed:
They defer to a pheasant's hunger,
Curbing their own, their cunning,
Let little finches flit
At pickings that fit their need,
Collared doves, more cautious feeders
Wait for a share unthreatened

This day, the year's darkest, shortest,
Ambers withheld above, hesitant azure
Translucent in cumulus calm
And the rimed grass responding:
Their chatter muted, they halt
All glib judicial weighing,
Beyond the here, the now for paragon
From far off seemingly
Fetch home that Ugandan egg
Which, trodden on, cracked, absolves
Killers in any cause,
Releases them into peace.

PALINODIE AUF DIE ELSTER [übersetzt von Jan Wagner]

Als Plünderer und Kindsmörder
Vermenschlichte, verleumdete ich sie,
Verfiel aufs Symbolische, sah verblendet
Nichts als Schwarzweiß
In stahlblauem Schimmern,
Im Glimmen weiterer Nuancen
In ihren Augen, ihrer Federhülle,
Und keine Anmut in ihrem Hopsen, waren sie gelandet

Wie jetzt das hier lebende Paar
Auf dem Gartentisch, zwischen
Almosen von Wintersamen:
Sie stehen zurück vorm Hunger des Fasans,
Zügeln den eigenen, ihren Scharfsinn,
Lassen die winzigen Finken dazwischen-
Huschen und erhaschen, was sie brauchen,
Und auch die Türkentauben, bedächtigere Esser,
Warten gefahrlos auf ihren Anteil, heute,

Am dunkelsten, kürzesten Tag des Jahres,
Mit seinem verborgenen Bernstein, dem zaghaften Blau,
Die durch eine Kumulusruhe scheinen,
Der Antwort reifbedeckter Gräser:
Ist ihr Krächzen gedämpft, sind sie jenseits
Jeden richterlichen Für-und-Widers,
Mit nichts im Hier und Jetzt vergleichbar,
Und tragen, scheint es, aus weiter Ferne
Jenes Ugandische Ei herbei,
Das, einmal zertreten, Mörder
Von aller Schuld erlöst
Und ihnen Frieden schenkt.

2005

ONE OR MORE

Full moon on Christmas Night,
All were aware who walked here
From, to parked cars, arriving, leaving,
Our children long grown separate but near,
Their children, searchers, now least knowable
When gathered in one house,
The eldest due soon to take off
For countries far as can be to stretch her compassion.

Four times I looked, four times I saw
Four moons – one brightest, round,
About it, firmly haloed, aureoled,
Outlined, three segments not concentric.
Superimposed, they seemed, so separate
That into other space they might have drifted,
Each spectral, each bright enough,
If by reflection only,
To make another moon, believable,
The dark of this night so clear
No cloud of witness could diffuse their shining.

With and without my glasses recently renewed
I looked, said what I saw.
They may have smiled and thought:
Have your eyes tested again – and then your brain.
Is it you or your moons that are eccentric?
Said nothing there, though still the youngest
Could laugh when the old crackpot spoke.
She sensed this was no joke

Of his who, to make sure, next morning gazed
At a moon dimmed by daylight,

EINER ODER MEHRERE [übersetzt von Jan Wagner]

Daß Heiligabend ein Vollmond schien,
Bemerkten alle auf ihrem Weg
Vom und zum Auto, eintreffend, abfahrend,
Die Kinder, uns längst entwachsen, aber nah,
Ihre Kinder, Suchende, am wenigsten vertraut,
Wenn wir in einem Haus versammelt waren,
Die Älteste so gut wie auf dem Sprung
Zu fernsten Ländern, um ihrem Mitgefühl Raum zu verschaffen.

Viermal blickte ich auf, viermal sah ich
Vier Monde – einer am hellsten, rund,
Und um ihn, als deutliche Höfe, Aureolen,
Drei nichtkonzentrische, scharf umrissene Teile.
Sie schienen übereinander zu liegen, so sie selbst,
Daß sie ebensogut hätten davontreiben können,
Ein jeder geisterhaft, ein jeder hell genug,
Wenn auch nur als Abglanz,
Um Mond zu sein, wahrhaftig,
Und so klar war das Dunkel der Nacht, daß keine Wolke
Das Leuchten mit ihrer Zeugenschaft trübte.

Ich schaute mit und ohne meine Brille,
Die nagelneu war, teilte mit, was ich sah.
Kann sein, daß sie lächelten und dachten:
Laß deine Augen nochmal überprüfen – und dann deinen Kopf.
Bist du oder sind deine Monde exzentrisch?
Doch sagten sie nichts, obwohl die Kleinste sonst
Beim Gerede des alten Knallkopfs lachen konnte.
Sie aber spürte, daß es kein Witz von ihm war,

Der am nächsten Morgen, um sicherzugehen,
Zu dem im Tageslicht fahleren Mond aufsah,

Apocryphal moon outshone
By the invisible sun:
Still four, not one, the fainter circles glinted.

So once the sun had split
Not here, in icelight, colder,
For intruders lured by the bluest white
To see what none had seen,
Some dazzled into their dying:
When common senses failed
More turned against them,
They brought equipment, impetus of dogs,
Common sense, too, the basic science shared.
Last rations had run out,
Stalled what had launched and driven them, the consensus
That seeing is believing.

Christmas moon waned here, fading,
Children grandchildren removed
Into their choices, their imaginings,
Their explorations, polar, equatorial
Or temperate urban merely,
But plural now wherever
In earth-perplexity
Nearer and nearer, deadlier,
I leave cosmology
To those who mumble, those who shout
As palliative a creed or doubt,
From vision first, then formula construe
Fallible empires of the for-ever true.

Soon my seen moons may roll
Back to their matrix, four into one,
Or from an Essene scroll,
Belatedly found, a luminous link accrue.

Zum apokryphen Mond, überstrahlt
Von der unsichtbaren Sonne: Noch immer
Vier, nicht einer, die schwächer schimmerten.

So hatte sich einst die Sonne geteilt,
Nicht hier, im Eiseslicht, kälter,
Über Eindringlingen, die, gebannt von blauestem Weiß,
Zu sehen kamen, was niemand zuvor gesehen hatte
Und einige von ihnen zu Tode verstörte:
Als Sinn und Verstand versagten,
Wandte alles sich gegen sie,
Die Ausrüstung, der hündische Impetus,
Sogar die Vernunft, Fundament ihrer Wissenschaft.
Die letzten Vorräte verbraucht,
Verloren der Ansporn, der Drang, das Einvernehmen
Darüber, daß Sehen Glauben ist.

Der Weihnachtsmond verblaßte, schwand,
Kinder, Enkelkinder gingen
Ihren Entschlüssen, ihren Vorstellungen nach
Und zu Erkundungen über, polar, äquatorial
Oder auch nur gemäßigt städtisch,
Doch mannigfaltig, wo immer sie sind
In dieser Weltverworrenheit,
Die näher rückt, die tödlicher wird;
Ich aber überlasse die Kosmologie
Den Marktschreiern und den murmelnden Weisen,
Die Glauben und Zweifel als Balsam preisen,
Uns dank Einbildungskraft, dank Formeln prekäre
Reiche des Ewigwahren bescheren.

Bald rollen meine Monde, mag sein,
In ihre Urgestalt zurück, aus Vieren mach Einen,
Oder eine Essenische Schrift
Taucht auf, der erhellende Fingerzeig.

While I have eyes they'll be
Map-makers of a mystery –
The little they can see
Thanks mainly to the sun.

If, distant reader, you
The nearest, farthest take
And leave it, make
Of these moons what you please
Or what you can, in your uncertainties,
In your unknowingness, my work is done.

Solange ich Augen habe, werden sie
Kartographen eines Rätsels sein –
So wenig ich erkennen kann,
Und auch das nur dank der Sonne.

Wenn du, fremder Leser,
Du nächster, fernster, sie nimmst
Und bleiben läßt, diese
Monde, wie es dir paßt
Oder gefällt in deinen Ungewißheiten,
In deinem Nichtwissen, ist meine Arbeit getan.

AGING VI

The wonder of it: to rise again,
Daily still at the day's first light
For love of this winter air
Filled with the more grown less,
A copious emptiness,
Anyone's, no one's now;
Rise from the dregs fetched up
Nightly of fermentations
Long ago drained:
Impendings, implosions, ecstasies,
Promiscuous lumber hoarded,
Perpetuum mobile
Past faces of the dead, in dream alive,
Through nameless places, never to arrive
Until awake, defying
The weight of all those years,
Gravity's pull to the grave,
To drink, bath, dress –
And labour on, while aching limbs obey,
Maintain the overreaching tree,
Dig, plant, sow, lop, saw, clear.
Whether or not they visit, both inaudible,
Goldcrest's thin solo, peewit's one call outsings
Polyphonies of centuries in the head;
So for whatever ear
Keep a frail silence fed.

ALTERN VI [übersetzt von Jan Wagner]

Dieses Wunder: Wieder aufzustehen,
Täglich, mit dem ersten Licht,
Um diese Winterluft zu lieben,
Prall vom verringerten Mehr
Und so vollkommen leer,
Die jedem, keinem gehört;
Aufzustehen aus Nacht für Nacht
Heraufgeholten Rückständen
Längst stillgelegter Wallungen:
Bedrohungen, Implosionen, Ekstasen,
Aufgehäufter Plunder,
Ein Perpetuum mobile
Vorbei an Toten, die im Traum noch leben,
Endlos durch eine namenlose Gegend,
Bis man erwacht und dem Gewicht
All dieser Jahre trotzt,
Der Schwerkraft, die zum Grab drängt,
Zum Trinken, Baden, Kleiden –
Und weitermacht, die wunden Glieder zwingt,
Sich eines Baumes Wildwuchs annimmt
Und gräbt, pflanzt, sät, beschneidet, sägt und rodet.
Ob man sie hört, sie kommen oder nicht,
Des Goldhähnchens dünnes Solo, der Kiebitzruf übertönen
Im Kopf eine Jahrhundertpolyphonie;
Ein zartes Schweigen, welches Ohr
Auch zuhört, untermalen sie.

The Way and its Power

(i.m. Arthur Waley)

Reading the Tao Te Ching
In February spring
I see a crocus ring
Raised by this fickle light
With petals folded, never opening.
Could heaven's moods, the weather
Mock their obedience, smile
Politically at them, to beguile?
That order, too, be power
Inflicted on a flower
Flimsy as daymoth or a dove's breast-feather?

Still earlier aconite
Fulfilled itself despite
True winter's colder light,
Hellebore too, the purple and the white,
Primrose precociously,
Quite out of season one mauve honesty.

Yet, nearly nameless, he and his way were right
For all such botany.
If by his negative
The non-assertion of identity
Trans-human we could live
Most positive that would be.
Feeding wild birds we tend their tiniest feather
But without force leave petals to their plight.

The paradox sets us free:
Making our way through power's uncertainty,

DER WEG UND SEINE KRAFT [übersetzt von Uwe Kolbe]

(i. m. Arthur Waley)

Lesend im Tao Te King
Im Februar-Frühling,
Seh ich den Krokus-Ring,
Erweckt von so schwankem Licht,
Die Blütenblätter, eingerollt, öffnen sich nicht.
Könnten Himmelslaunen, Wetter
Ihrem Gehorsam spotten, gleich Politikern
Sie belächeln, sie betrügen dann?
Jene Ordnung wäre auch Kraft,
Der Blume auferlegt, die zart
Wie ein Tagfalter, wie einer Taube Brustgefieder?

Noch früher fand der Winterling
Erfüllung
Trotz kältrem Licht der wahren Winterzeit,
Christrose auch, purpurn und weiß,
Bei Primeln war's Vorwitzigkeit,
Das malvenfarbne Silberblatt recht aus der Zeit.

Doch, fast namenlos, er und sein Weg, sie paßten
Trotz aller Botanik.
Könnten nach seinem Negativ
Die Nicht-Behauptung von Identität
Außermenschlich wir nur leben,
Wäre das höchst positiv.
Wildvögel fütternd, hüten wir noch die winzigste Feder,
Doch Blüten werden ohne Zwang ihrer Not überlassen.

Das Paradox macht uns frei:
Unsern Weg zu nehmen durch der Kräfte Unsicherheit,

Homing to dark no sunbeam will unfold,
Humbled at last could hold
The more than his ten thousand things together.

Nach Haus in Dunkel, das kein Sonnenstrahl auffaltet,
In Demut endlich, könnten wir zusammenhalten
Weit mehr als seine zehntausend Dinge.

Limits

Ten days or more of snow, frost, hail
On to crocuses furled for a spring suspended,
North winds to pull them down.
A thaw's intermission, mere drizzle come,
Still they were white or mauve,
Almost they rose again, waiting for light.

Six yearling pheasants, foraging,
Lone squirrels, best-equipped
Of snatchers, diggers in any weather –
And the walnut trunk so near! –
For once have let them be.

As for humanity,
Gautama even postponed his nirvana
Till he could pass it on,
Thunder applaud his last words
Wafted to breed in the silence he'd fathered –

In which one laugh was heard:
Black Mara's, assured
That beneath the most radiant of yellows
His own darkness lurks, immortal;
That the Lion's teeth lifted by winds
Were dandelion seed
And the wisest of buddhas, all pain's eliminator
Had likened himself to a wheelbarrow patched,
Bits of string and wire binding the bodywork,
Yes, and defiance pushing it to its end
As long as the wheel creaked on.

GRENZEN

[übersetzt von Klaus Anders]

Zehn Tage oder mehr mit Schnee, Frost, Hagel
Auf Krokusse, verschlossen für einen vertagten Lenz,
Nordwinde, die sie niederstrecken.
Tauwetter dazwischen, nichts als Gefissel,
Immer noch waren sie weiß oder mauve,
Hoben sich beinah erneut, wartend auf Licht.

Sechs Jährlings-Fasane, stöbernd,
Eichkatzen, einzeln, best-gerüstete
Der Schnäpper, Wühler bei jedem Wetter –
Und der Walnußstamm so nah: –
Ließen sie diesmal stehn.

Was Menschlichkeit betrifft,
Gautama verschob sogar sein Nirwana,
Bis er es weitergeben konnte,
Donner begrüßte seine letzten Worte,
Hingeweht zu brüten in der Stille, die er zeugte –

In der ein Lachen ward gehört:
Maras, des Schwarzen, bestärkt,
Daß unterhalb des strahlendsten Gelb
Seine eigene Dunkelheit lauert, unsterblich;
Daß des Löwen Zähne, getragen von Wind,
Waren Löwenzahnsamen,
Und der weiseste der Buddhas, Bezwinger aller Schmerzen,
Verglich sich selbst mit einer Schubkarre, geflickt,
Stücke von Kordel und Draht die Karosse haltend,
Ja, und Trotz sie bis ans Ende drückend,
Solange das Rad noch quietscht.

Deeper snow has covered the crocus bed
And hardened overnight.
If invisibly now or never
A calyx releases its core's red-gold
To the limits it will have resisted.

Tieferer Schnee bedeckt nun das Krokusbeet
Und härtete über Nacht.
Ob unsichtbar jetzt oder niemals
Ein Kelch freiläßt seiner Mitte Rotgold:
Bis ans Äußerste wird er widerstanden haben.

Aging VII

On long vacation, year in, year out,
Residual guests in a once grand hotel,
We busy ourselves, planning the day's distractions
From vacuous repetition, seasonless:
Something a little different on our plates,
Exchange of words more and more strenuous,
For happening, real event
A voice from the past not silenced yet, gasping.

Or, wilder waters too far behind,
Goldfishes in a garden pond
That's plastic-lined
We linger on, contentedly confined,
Bred in a tank, need yearn for no beyond
But lurk, dart, wriggle while we can
Within a leaking inwardness, our dwindling span.

Else, conservationists
Of some patch small or larger we call home,
Servants of earth to the last,
With failing finger-joints, arthritic,
Legs that had lugged equipment for miles on forced marches,
Then released, for a lark slogged from London to Cornwall,
Worn out at the hip now, kneel as in prayer
To let through light for seedling, sapling planted,
Less than half-remembered, found under weeds by searching
That it may live, outlive our care –
Although it cannot, merged in the natural flux,
Razed by the murderous, bulldozing money's.

Further loss, worse, withheld, all must be well:
Defiance like acceptance leaves it so.

ALTERN VII [übersetzt von Klaus Anders]

In langen Ferien, jahrein, jahraus,
Verbliebene Gäste eines vormals Grand Hotels,
Beschäftigen wir uns, planen des Tags Zerstreuung
Von leerer Wiederholung, immergleich:
Etwas ein wenig anders auf unseren Tellern,
Austausch von Worten mühsam mehr und mehr
Als Ereignis, wirkliches Geschehen
Eine Stimme aus der Vergangenheit, noch nicht verstummt, japsend.

Oder, wildere Gewässer zu weit zurück,
Goldfische in einem Gartenteich
Mit Plastikrand
Lungern wir, zufrieden eingeschränkt,
In einem Bassin aufgezogen, Sehnsucht heischend für kein Jenseits,
Doch lauern, flitzen, schlängeln, während wir unsre Spanne Zeit,
Die schwindende, in eine Innigkeit einschließen, die verrinnt.

Anderes, Beschützer
Eines Fleckens klein oder größer, den wir Heimat nennen,
Diener der Erde bis zum Letzten,
Mit sperrenden Fingergelenken, arthritisch,
Beinen, die meilenweit Ausrüstung trugen auf Gewaltmärschen,
Entlassen dann, zum Spaß geschlaucht von London bis nach Cornwall,
Verschlissen in der Hüfte jetzt, knien wie im Gebet,
Um Licht für Sämlinge durchzulassen, gepflanzten Schößling,
Nicht mal halb erinnert, gefunden unter Wildkraut, hoffend,
Daß er leben, unsere Obhut überleben möge –
Gleichwohl: er kann nicht, vereint mit dem Naturlauf,
Ausgelöscht vom Geld, dem mörderischen, plattgewalzt.

Weiteren Abgang, schlimmer, rückgehalten, alles muß gut sein:
Trotz wie Hinnahme lassen es so.

Letzte Gedichte | 77

With given tongues only could we curse
Or, humbled, hold them, wiser.

Enough that in late June,
After such clotting cloud, ice winds that shrivelled
Apple leaves newly shaped
Our sky has cleared again – and is not ours.

Mit unseren Zungen, wie sie sind, könnten wir bloß fluchen
Oder, gebeugt, sie halten, weiser.

Genug, daß im späten Juni,
Nach so geballten Wolken, Eiswinden, die zerknüllten
Frisch aufgegangenes Apfellaub,
Unser Himmel wieder klar ist – und ist nicht unser.

COMBAT. CONTEST. MATCH

On battlefield, arena, hard court, grass,
The screened green baize, it must be single:
Promoted with multiple noughts to a million
May qualify for myth, its potency.

Odds must be even, the protagonists matched
As Hector with Achilles
And, when they meet, Helen not here nor there,
The *casus belli* swallowed up in the act,
Land, gold, oil barrels, money,
Conglomerate power, celebrity – all brittle –
Subsumed in the pure clash of hero-monsters.

If, woman or man, out of quick senses one
Propels whatever weapon,
The other by deliberate procrastination
Twists mind and muscle separate until
Spontaneous sharpness blunts, speed's current fails,
The graced one fumbles, misses –
Though both may rise again from that ordeal
What weeps is the winner's shame.

KAMPF. WETTSTREIT. SPIEL   [übersetzt von Klaus Anders]

Auf Schlachtfeld, Arena, Hartplatz, Gras,
Abgeschirmtem, grünem Filz muß er einzig sein:
Mit mehreren Nullen befördert zur Million
Zum Mythos fähig, seiner Stärke.

Chancen müssen gleich sein, Protagonisten passend
Wie Hector und Achilles,
Und, wenn sie sich treffen, Helena weder hier noch da,
Der *casus belli* im Geschehen aufgesogen,
Land, Gold, Ölfässer, Geld,
Konzernmacht, Berühmtheit – alles zerbrechlich –
Gefaßt im reinen Zusammenstoß von Heros-Ungeheuern.

Wenn Frau oder Mann mit flinken Sinnen
Vortreibt gleich welche Waffe,
Der Gegner mit bedachtem Aufschub
Dreht Geist und Muskel auseinander, bis
Spontane Schärfe abstumpft, Fluß der Schnelligkeit verfehlt,
Auch wenn von dieser Prüfung beide sich erneut erheben,
Was weint, ist des Gewinners Scham.

The Wild Garden Released

To sift a season from this March-April-May,
From early June a turning,
Harsh winds, occluded skies forbade:
What breathed here was the melting poles,
What could not stir was bees.
Fruit blossom hung aborted,
Young apple leaves, bay leaves withered
While, weather-proof, immune,
Thistle, nettle, bramble, common cleaver,
Sedge and couch-grass edged their way on.
Where a path had been cut, then trodden along the water ditch
In the marsh once annually scythed
Indigenous orchids dormant for twenty years
Or invisible there
Haunted oblivion with pink and purple,
Never again the exotic cyclamen
Which for thirty years under a yew tree's blackness
From one corm had raised more than a hundred flowers –
Till ground elder roots crept closer ...

Memory's lumber – those names, those names
Not even theirs but ours,
Millennial, global history of roses only
From brier and the multiflora white
That climbs, rips, grapples more ruthlessly
Than any weed, more grossly sends out suckers,
With fragrance too fills more of the air
Than massed wild meadowsweet –
To infinite artefacts, the latest of mutations
Or the surviving classics pampered by those who know them ...

Der wilde Garten, freigelassen [übersetzt von Klaus Anders]

Aus diesem März-April-Mai eine Jahreszeit
Zu sichten, von Junianfang eine Wende,
Verwehrten harsche Winde und bedeckte Himmel:
Was hier blies, waren die Pole, schmelzend,
Was sich nicht rühren konnte, Bienen.
Obstblüte hing geknickt,
Jung Apfellaub, Lorbeerlaub verkümmert,
Dagegen, wetterfest, immun,
Distel, Nessel, Brombeere, Wiesenlabkraut,
Segge und Quecke machten ihren Weg.
Wo ein Pfad geschnitten, dann ausgetreten war am Wassergraben,
In der Marsch, einst jährlich gemäht,
Heimische Orchideen, schlummernd zwanzig Jahre lang
Oder dort unsichtbar,
Geisterten mit Pink und Purpur durchs Vergessen,
Nicht mehr das exotische Cyclamen,
Dem dreißig Jahre unter einer Eibe Schwärze
Aus einer Knolle mehr als hundert Blüten sprossen –
Bis Ackerholler-Wurzeln näher krochen ...

Erinnerungsgerümpel – die Namen, diese Namen,
Ihre nicht mal, sondern unsere,
Tausendjährige, erdweite Historie der Rosen bloß
Vom Heckedotz aus und der weißen Multiflora,
Die klettert, einreißt, grapscht rücksichtsloser
Als jedes Unkraut, gröber noch Wurzelschosse treibt,
Doch auch mit Duft die Luft erfüllt
Stärker als wildes Mädesüß in Massen –
Zu Artefakten ohne Ende, die letzten Mutationen
Oder die bewahrten Klassiker, verwöhnt von ihren Kennern ...

Up to the highest trees grown past our tending,
Trunk of the great crack willow we did not plant,
Skeleton monument of a century's bulk,
Older, the mulberry tree
Uprooted by hurricane and resurrected,
Beech, maple, oak, pine, cedar still alive,
The rarer that could outlive us if not felled –
Small arboretum, one love's extravagance,
Without it, mortuary of promiscuous timber, sprawling:
All had, all have their being.

Now that the most familiar names desert,
For your sake call that peace,
Let them go home to hide in manyness.
Though tall trees tremble, gasp,
Flickering flowers flash by,
Released, the garden unlearns
Half of its history,
The fall into human time,
Number, measure, name,
All but the mystery:
No clash of growth with decay,
No conquest or love-clasp
Clocked by mortality.

A black tom-cat turns to me
Still deeps, unsoundable eyes.
Skimming them, swimming, I'm back
In a long-lost childhood place
Where first I met that gaze
Beyond identity.
Yes, the cats have come and gone,
Their years our calendar –
The near face and the far
In their clear eyes are one.

Bis zu den höchsten Bäumen, nach unserer Pflege aufgewachsen,
Stamm der großen Knickweide, die wir nicht pflanzten,
Skelettmonument einer Jahrhundert-Masse,
Älter, der Maulbeerbaum
Entwurzelt durch Orkan und wieder ausgetrieben,
Buche, Ahorn, Eiche, Kiefer, Zeder leben noch,
Die Seltenen, die uns überleben könnten, wenn nicht gefällt –
Kleines Arboretum, einer Liebe Extravaganz,
Ohne sie, Totenhort aus buntgemischtem Nutzholz, hingestreckt:
Alle hatten, alle haben ihr Dasein.

Nun, da die meistvertrauten Namen schwinden,
Meinetwegen nenn das Frieden,
Laß sie heimgehen, in Vielfalt sich verbergen.
Obschon hohe Bäume zittern, schnaufen,
Flackernde Blüten huschen vorbei,
Freigelassen verlernt der Garten
Die Hälfte seiner Geschichte,
Den Fall in menschliche Zeit,
Nummer, Maß, Name,
Bis auf das Geheimnis:
Nicht Prall von Wachstum auf Zerfall,
Eroberung nicht, nicht Liebesgriff
Von Sterblichkeit bemessen.

Ein schwarzer Kater wendet mir
Stille Tiefen zu, unauslotbare Augen.
Sie streifend, schweifend, bin ich zurück
An einem lang verlorenen Ort als Kind,
Dort zuerst traf ich auf diesen Blick
Jenseits von mir und dir.
Ja, die Katzen kommen und gehn,
Ihre Jahre unser Kalender.
Das nahe Gesicht und das ferne sind
Eins in ihren klaren Augen.

Yet Again

In full morning's first hour, briefly
They line up on the wires,
End of August, our sky
A summer's at last
And the sallow's leaves falling.

When reliably here they had nested
In furnace room, shed one kind,
Under northward eaves the other,
Their small-talk, little twitter
Hardly listened for, assumed,
Swallows it was, swooping in
Through a gap in the window-panes
Less wide than their wing-span,
House martins muttering
That to us brought home the season.

Now from my bath I see them,
Left eye blacked out, vision so blurred,
The shapes, the colours flicker
Against the larger space
Dazzlingly bright, then dark, their flight will dare;
And they'll be gone before
Guesswork and memory, mixed,
Can fix them, ever, tell
The progeny of two nests not crumbled
Along the roof from that
Of neighbouring barn or byre.

Swifts, barely glimpsed
Twice this year, swirling
Over these parts, recalled

NOCH EINMAL [übersetzt von Klaus Anders]

Im ersten vollen Tageslicht, kurz
In Reihen auf den Drähten,
Ende August, unser Himmel
Noch Sommer zuletzt,
Und das Weidenlaub fallend.

Verläßlich nisteten sie hier
In Heizungsraum, Schuppen die eine Art,
Unter der Traufe, nordwärts, die andere,
Ihr Geplauder, zartes Gezwitscher,
Kaum beachtet, angenommen:
Schwalben sind's, schnellen
Durch einen Spalt in den Fensterscheiben,
Nicht mal so weit wie ihre Flügelspanne,
Mehlschwalben murmelnd,
Die uns den Sommer brachten.

Jetzt von meinem Bad aus seh ich sie,
Linkes Auge ausgelöscht, Sicht so vernebelt,
Die Formen, die Farben flimmern,
Gegen den weiteren Raum
Verstörend hell, dann dunkel, wagt es ihr Flug;
Und werden fort sein, noch bevor
Vermuten und Erinnern sie, so vermischt,
Behalten kann, jemals sondern
Die Nachkunft zweier Nester, nicht zerbröckelt,
Am Dach von der
Aus Scheune und Kuhstall nebenan.

Mauersegler, kaum zweimal
Flüchtig gesehen dieses Jahr, wirbelnd
Über dieser Gegend, erinnert

Their hundreds above Rome
Fifty-five years ago
Watched with my host long dead,
The Orkney-born who wherever he found himself,
A wonderer, found blessings.
Fierce aerial spirits
There they seemed, not even haunting
Colossal ruins below,
Palazzi, smooth office blocks
Indifferently alien to them,
Their resting, nesting places
Hidden always from us.

And now? 'He's a non-looker,'
My critic writes, 'lets the sounds
Make such sense as they can.'
May-be. But with working eyes met
Shadows, voids, in creatures, things
And their names. Never could meet
The source of unbearable light
Save broken on surfaces, features;
With working ears, a signalman's, heard
Hiatus, hesitation
In every surge and gamut,
Heard the flow begin, heard it subside.

So yet again these birds,
Cutters through currents the one,
The other more halting, buffeted,
Have congathered for their going.
And mixed I must leave them,
The never humanly grasped
But by netting, eating, not here.
No matter, then, if only,
Separate, both can return.

Hunderte von ihnen über Rom
Vor fünfundfünfzig Jahren,
Beobachtet mit meinem Gastgeber, lange tot,
Auf Orkney geboren, der, wo immer er sich fand,
Ein Staunender, fand seinen Segen.
Wilde Luftgeister
Schienen sie dort, die nicht mal
Die riesigen Ruinen unter sich berührten,
Palazzi, glatte Büroblocks,
Ihnen gleich fremd,
Ihre Rast- und Nistplätze
Immer vor uns verborgen.

Und nun? ‚Er ist kein Augenmensch',
Schrieb mein Kritiker, ‚läßt die Geräusche,
Soweit sie können, Sinn entfalten.'
Mag sein. Doch sah mit sehenden Augen
Schatten, Leere in Kreaturen, Dingen,
Ihren Namen. Doch träfe nie
Die Quelle unerträglichen Lichts
Außer gebrochen auf Oberflächen, Gestalt;
Mit hörenden Ohren, eines Signalmanns, hörte
Hiatus, Zögern
In jeder Flut und Skala,
Hörte das Fließen beginnen, hört es versinken.

Also noch einmal diese Vögel,
Schnitter durch Strömungen die einen,
Die anderen mehr verhalten, hin und her geworfen,
Versammelt zu ihrem Abflug.
Und vermischt muß ich sie lassen,
Die menschlich nie Erfaßten,
Wenn nicht in Netzen gefangen, verspeist, nicht hier.
Ganz gleich denn, wenn nur,
Getrennt, sie beide kommen zurück.

Homo Sapiens – Homo Faber – Homo Rapiens

Here, now,
Late July,
Grey sky,
Wind north-easterly.
Not one butterfly
On buddleia umbels, rocking.
Soil dry,
Delicate leafage drooping:
But for dew-fall, drought.

From houses numbered,
Named, assessed,
Price-tagged like their tenants
Quite soon to be seasonless,
Through by-ways of translation,
Reproduction, print
To a patience far off,
Ancient China, its poets
I must resort –
Tourist, no more, denied
The slope of their brushstrokes,
The tremors, vibrancies.

Then almost it seems
That from a single hand
Issued the things of song
Across our calendar's turning –
Another date not for them to note.

Plum blossom, cherry blossom
For a still graspable spring,

HOMO SAPIENS – HOMO FABER – HOMO RAPIENS

[übersetzt von Uwe Kolbe]

Hier, nun,
Grauhimmel, Julei,
Der fast vorbei,
Nord-östlicher Wind,
Nicht ein Schmetterling
Schaukelt auf den Sommerfliederdolden.
Trockner Grund,
Schlaff hängt das zarte Laub:
Dürre statt fallenden Taus.

Von Häusern, numeriert,
Bestimmt, geschätzt,
Mit Preisschild wie die Mieter,
Bald keine Jahreszeitenwechsel mehr,
Durch Übersetzungs-Abwege,
Nachbildung, Drucke
Zu weitreichender Geduld,
Altem China, zu dessen Dichtern
Ich Zuflucht nehmen muß –
Tourist, nichts sonst, geleugnet
Die Neigung ihrer Pinselstriche,
Ihr Beben, ihre Schwingungen.

Da schien es beinahe,
Von nur einer Hand
Seien die Dinge im Liede gegeben
Über das Umwenden des Kalenders weg –
Noch ein Datum, nicht von ihnen wahrzunehmen.

Pflaumenblüte, Kirschblüte
Für einen noch greifbaren Frühling,

Chrysanthemum, for autumn,
Mad mating dance of cranes,
Cries of cranes receding, up in the air –
Such tokens were enough,
Carved jade, cut bamboo,

Plain shapes for long use,
Intricate working of silk, of glazes
While dynasties, borders vanished,
Uncounted corpses littered
A land-mass no mind could map,
Floated down nobody's river.

Yes, they knew of them, each and all,
Scribes who had served the powers
Because they must, or powers themselves
By birthright; but, exiled by change or choice,
As anchorites channelled their loves,
Into drunkenness could unself,
Dissolve into snowlight, blankness.

Seasons of one condition,
Recurrence contained them,
Bedded their best and worst.

Chrysantheme, für Herbst,
Irrer Balztanz der Kraniche,
Schreie fliehender Kraniche, hoch in der Luft –
Derlei Zeichen waren genug,
Geschnitzte Jade, geschnittener Bambus,

Klare Formen für langen Gebrauch,
Verzwickte Arbeiten von Seide, Glasur,
Während Dynastien, Grenzen verschwanden,
Ungezählte Leiber zu Abfall
In Gegenden, von keinem Geist zu kartieren,
Auf dem Niemandsflusse abgetrieben.

Ja, sie wußten davon, von jedem und allen,
Schreiber, die den Mächtigen dienten,
Weil sie mußten, Mächtige selbst
Von Geburt; doch, im Exil wegen Wechsels oder gewählt,
Als Anachoreten ihre Lust ableitend,
Konnten in Trunkenheit sie sich entselbsten,
Auflösen in Schneelicht, in Leere.

Gleichbleibende Jahreszeiten,
Rückkehr umgab sie,
Bettete ihr bestes und schlimmstes.

Electronocuted

How Pascal would have shuddered
At this infinitute not of lights in space
Nor Babel tower aspiring to any heaven
But information fungus of our making
That over the global surface spreads so fast,
Ocean water no barrier,
That a global deal can be clinched
Before the board has assembled,
Mass destruction delivered
Before war is declared.
Web indeed, world-wide
Surrogate for the earth we were made for,
Super-Promethean gift to mankind,
Its uses, limitless,
Replacing those of hand, heart, head
Which lag behind, too slow for competition.

Pascal? Does he have a slot
Among the potential billions?
There's one with a forename like Blazes –
Long dead, long redundant,
Notable once because he could think!
Electronics do that for us,
Begin as a toy, still wondered at,
Explored with fumbling fingers,
Then whiz us from first to second childhood
So blandly, with so little effort
There'll be nobody here to shudder
At a screen gone blank for good.

Tod durch Elektronik [unter Mitwirkung des Autors
übersetzt von Franz Wurm]

Wie es Pascal doch geschaudert hätte
Ob der Unendlichkeit nicht von Lichtern im Raum
Noch des Babel-Turms, der irgendeinen Himmel erstrebte,
Sondern des Pilzwuchses Information, unseres Werks,
Das den Erdball so schnell überwuchert,
Die Wasser der Meere kein Hindernis,
Ein globales Geschäft abzuschließen,
Noch eh der Verwaltungsrat zusammengetreten ist,
Massenvernichtung hausgeliefert
Vor der Kriegserklärung.
Wahrlich ein Netzwerk, Ersatz für die Erde,
Für die wir geschaffen worden,
Ein prometheisches Geschenk an die Menschheit,
Unbegrenzt brauchbar
Anstelle von Hand, Herz und Haupt, die,
Im Wettbewerb zu langsam, daherhinken hintendrein.

Pascal? Gibt's für den ein Fenster
Unter den potenziellen Billionen?
Da wäre einer, Vorname wie Bläser –
Längst tot, überzählig,
Bemerkenswert einst, weil der *denken* konnte!
Für uns besorgt das die Elektronik.
Fängt an als Spielzeug, lange bestaunt,
Mit fummelnden Fingern erkundet,
Darauf im Hui von der ersten Kindheit in die zweite
So sanft, mit so wenig Müh',
Daß dann niemand mehr da sein wird,
Den's schaudert
Vor dem Bildschirm, der leer ist für immer.

Dowland again

Never I see her weep
At her bereavements or the plagues that creep
Across our Earth,
But playing, paying, praying she works to keep
A table laid for brief convivial mirth
Even in dearth.

It's I the labourer out of doors
Repeatedly returning
To those melodious tears he did not shed,
Drawn from a fountainhead
Not his at all, the cryptic metaphors,
Chromatic, for an aimless yearning:
What words are meant to mean
A chord melts down to one dark might-have-been.

These trees, shrubs, herbs that half a lifetime long
Here in our garden grew
Had proved so strong
They seemed perpetual, both old and new,
But now for lack of tending
Before the gardener his have reached their ending –
A death to be lived through,
Lacrimae rerum, rift beyond our mending
When everywhere
Rankly self-seeded kinds push out the rare.

Printed or not, scattered among the dead,
The piled-up papers, dormant his tones could lie
For centuries, unheard if seen or read,
Then, being no one's cry,
Nobody's dances now, rang out more poignantly.

NOCH EINMAL DOWLAND [übersetzt von Klaus Anders]

Weinen seh ich sie nie
Um ihre Toten noch die Plagen, die
Durch unsre Länder ziehn,
Doch klingend bringend singend ist ihr Bemühn
Um einen Tisch, wo heiter man zusammenfände
Trotz leerer Hände.

Ich bin's, der Arbeiter im Freien,
Der zurück sich wendet
Melodiösen Tränen zu, die er nicht weinte,
Die eine Quelle in sich einte,
Seine nicht, und für ein ungezieltes Sehnen,
Chromatisch, kryptische Metaphern spendet.
Was zu bedeuten Worte sind gemeint,
Schmelzt ein Akkord zu dunklem Könnt-gewesen-sein.

Diese Bäume, Büsche, Kräuter, die ein halbes Leben lang
Wir in unserem Garten halten,
Waren so voller Drang,
Sie schienen ewig, beide: junge, alte,
Doch nun, die Pflege fehlt, die Hände,
Erreichen sie, bevor der Gärtner seins, ihr Ende.
Einen Tod zu überleben,
Lacrimae rerum, trotz unsres Flickwerks eine Spalte,
Wenn überall
Selbstversamtes, wuchernd, bringt Seltenes zu Fall.

Druck oder nicht, unter den Toten verstreut,
Gehäufte Blätter, schlafend konnten seine Töne liegen
Jahrhunderte, gesehen, gelesen, ungehört
Als niemands Schrei versiegen,
Niemandes Tänze, noch schmerzlicher verklingen.

So, by persistence in a small endeavour
Out of no more he made an ever –
And so does she
Smiling on absences bleak or black to me.

So, beharrlich, ein verhaltener Schimmer,
Aus Nicht-mehr machte er ein Immer –
So läßt sie los,
Lächelnd zu Absenzen, mir schwarz und ohne Trost.

Marrows, 2005

1

Three times I sowed them this year,
Three times planted out seedlings,
Dug in compost, from so-called late spring
To so-called early summer.
Overnight all but one of the first
Vanished, not a stump or shred
Left to mark their demise.
As for the second lot,
Genetically dwarfed,
They languished, barren, with male flowers only,
Not so much as courgette, zucchino
Borne on their dank bed.

September let through the sun.
And suddenly
The survivor, the reinforcements
Remembered their marrowness,
Mothered a baby or two not for rotting,
Even one that, hidden, matured
Under leaves that as greedily spread
As the first had been devoured;
And by October, cooling,
Ground frost already feared,
Their tendrils had climbed an apple-tree.

2

There, weeks later they cling. Ought I to wait
For a crop to corroborate

KÜRBIS, 2005 [übersetzt von Klaus Anders]

1

Drei Mal säte ich dieses Jahr,
Drei Mal Sämlinge setzte,
Grub Kompost ein, vom sogenannt Spätlenz
Bis sogenannt frühem Sommer.
Über Nacht, bis auf einen der Ersten,
Verschwanden alle, nicht ein Stumpf oder Stiel
Blieb, markierte ihr Schwinden.
Die aus dem zweiten Satz,
Genetisch verkümmert,
Sie siechten, unfruchtbar, die Blüten nur männlich,
Nicht einmal Courgette, Zucchino
Erzeugt auf ihrem Feuchtbeet.

September ließ Sonne durch.
Und plötzlich
Was überlebte: die Nachgesetzten
Entsannen sich des Kürbisseins,
Heckten ein Baby, auch zwei, nicht zum Verfaulen,
Sogar eins, das versteckt reifte
Unter Laub und so gierig nun sproß,
Wie die ersten gefressen waren;
Dann im Oktober, kühler,
Bodenfrost schon befürchtet,
Hatten die Ranken einen Apfelbaum erklommen.

2

Da, Wochen später, hängen sie. Wollt
Ich warten auf den Ertrag, der zeigen sollt,

That plants know better than I
When to grow, when to die,
Whether to propagate
As advertised or late,
Provide or mock the grower
Shamed as a would-be knower?

In my blood-sap I sense
Their timing's competence,
In their autumnal rise
Can read more sun-lit skies –
My mad barometer
Of weather waves astir,
All maddened, all frenetic –
My floral clock, prophetic.

For labour that's reward
Fitter by far than swelled or stunted gourd:
Condoling here with air, earth, water blast
And loss, their season passed.
All but remembrance amid rubble stilled,
Extremity-bearers, now they are fulfilled.

Daß Pflanzen besser als ich wissen,
Wann sie wachsen, wann sie sterben müssen,
Ob sie zu vermehren
Wie geraten oder später wären,
Versorgen oder höhnen sie den Gartenherrn,
Beschämen ihn als Möchte-Gern?

In meinem Blutsaft fühle ich,
Ihr Zeitgespür ist untrüglich,
Aus ihrem Herbstschwung spricht
Ein Himmel mit mehr Sonnenlicht –
Mein Barometer bös bewegt,
Von Wetterwellen aufgeregt,
Verrückt ganz, ganz frenetisch –
Die Blumen-Uhr prophetisch.

Für Arbeit, deren Honorar
Mehr als dicker oder Krüppel-Kürbis war:
Mitleidend hier mit Luft, Erd, Meergestöber,
Verlust, ging ihre Jahreszeit vorüber.
Bis auf Erinnerung im Schutt gestillt,
Extrem-Gebärer, haben sich erfüllt.

Last or First

Mauve-lucent at midday,
Deepest blue towards night,
Monkshood, a deadly bonus
In its dark corner for us
With those colours marks an end.
In another, primrose yellow,
The last or first, has opened,
One daisy, minute, on the lawn.

Islanded there we can sit
In sunbeams that, slanting, shift
Through bare branches, leafage retained
On beech, oak, maple still.
While it holds, this mild autumn light,
We drift, though motionless,
Our 'have been', 'shall be', 'are',
World's always, knowing's never
All mixed, all circular,
So with no need to stir,
Choose between glare and shade
Before a black cloud blots out the white
And in the wind we shiver.

LETZTE ODER ERSTE [übersetzt von Uwe Kolbe]

Malven-leuchtend mittags,
Tiefstes Blau auf die Nacht,
Eisenhut, ein Todes-Bonus
Für uns in seiner dunklen Ecke
Markiert mit jenen Farben ein Ende.
In einer andern Primelgelb,
Das letzte oder erste, tat sich auf,
Ein Gänseblümchen, winzig, auf dem Rasen.

Dort können, wir Insel, wir sitzen
In Sonnenstrahlen, die schräg sich schieben
Durch kahle Zweige, Laub, das harrt
An Buche, Eiche, Ahorn noch.
Während es bleibt, das milde Herbstlicht,
Treiben wir, wiewohl reglos,
Unser ‚sie waren', ‚kann sein', ‚sind',
Immer der Welt, der Erkenntnis nimmer,
Alles gemischt, alles im Kreis herum,
So ohne Grund zu rühren,
Wählen zwischen Grellem und Schatten,
Bevor die schwarze Wolke auslöscht das Weiß
Und uns schaudert im Winde.

The Winter Visit

More sudden than any spring
Memory could invent, completion came
With November's full moon
In whose rays, their white hair gleaming,
Nonagenarian couple on sticks they hobbled
Off again from our door.

That morning for us who waited
Hoarfrost pallor it was,
The low sun through clouds aglow,
Death-coloured leafage retained –
Until towards noon a damped sky-blue,
Winter's radiance, took over,
A roof-top, a tree-top shone.

Dubious hours passed: inexplicably
They'd made a detour, stopped at the sea,
Parked on a sand-cliff marked for obliteration
As though for confirmation,
By looking, that sooner or later
This land, these walls would be water –
When he since youth had said:
'Best not to be born – or dead'
Yet worked, worked, worked, in his eighties jogged
To keep the current unclogged.

Then across sixty-five years
Of meetings, distances
Between blocked ears the talk
Hobbled, shuffled – his
Gasped out in whispers, for he
Was weary well before night

WINTERLICHER BESUCH

[unter Mitwirkung des Autors
übersetzt von Franz Wurm]

So jäh wie kein Frühling,
Den Erinnerung erfinden könnte, erfüllte sichs
Zum Vollmond November,
In dessen Strahlen, leuchtend ihr weißes Haar,
Sie, ein über neunzigjähriges Paar,
An Stöcken wieder davonhumpelten von unserer Tür.

Für uns, an jenem Morgen Wartende,
War es Rauhreifblässe bei niedriger Sonne,
Die durch die Wolken glomm,
Durch todesfarbenes, noch verbleibendes Laub –
Bis gegen Mittag gedämpftes Himmelblau,
Ein strahlendes Winterleuchten aufkam,
Ein Dachfirst, ein Baumwipfel erglänzte.

Stunden vergingen im Zweifel: unerklärlicher Weise
Hatten sie einen Umweg gemacht, die Reise
Unterbrochen am Meer, auf einer Sandklippe parkiert,
Der bestimmt war einzustürzen,
Wie um dem Auge die Erwartung zu verkürzen,
Daß früher oder später diese Mauern, dieses Stück Land
Wasser sein würden, zwar hatte er seit seiner Jugend bekannt:
‚Am besten gar nicht geboren zu sein – oder tot‘,
War dennoch ans Werk gegangen, ging ans Werk, überbot
Sich noch in den Achtzigern, joggte,
Damit ihm der Fluß nicht stockte.

Und dann über fünfundsechzig Jahre
Von Begegnungen hinweg, über Distanzen
Zwischen sperrigen Ohren, humpelte
Die Rede, schlurfte, – die seine
Flüsternd gekeucht, denn er

Of all flotsam about to sink;
Hers more enquiring, still bright
Against the now fading light:
Of completion, too, hard-won,
So little left to be done,
But the broken snagged journey taken,
The words unspeakable spoken
By presence alone, on this brink.

War all des Treibguts, das am Versinken war,
Müde lange vor Nacht; die ihre
Fragender, noch hell gegen das
Jetzt schwindende Licht:
Von Erfüllung auch, schwer errungener,
So wenig was noch zu tun blieb,
Aber die unterbrochene, hakelige Reise geschafft,
Die unsagbaren Wörter ausgesprochen
Durch bloßes Hiersein, an diesem Rand.

Circling the Square

Onion, apple, yes,
Round fruit or oval
Of the round world,
Walnut's intricate lobes
Double-cased, curled
Foetally for its growth, undoing.

In the tall mirror, though, what?
Biped more bird than ape
Wingless, but armed, clawed.
Strutting upright, straight
Until curled up for sleep;
If Chinese Buddha-bellied
Must hide the bulge, ashamed.

More tree, then, dwarfed, that walks,
Wrenched from the rootstock, forked
Downward where it splits
Not quite half-way between
Ground matrix and crest,
Concave the navel only –
Straight lines for infinity,
Lines that will never meet.

For symmetry, cruel, the cross.
Rectangular frame, glass
Often enclosing, keeping untouched
The nothing rotund on it
Save the human head, drooping –
Haloed at best with a light borrowed
From sun, moon, stars, the spheres.
A dome's vaulted roof perhaps,

RUNDUNG DES QUADRATS [übersetzt von Jan Wagner]

Zwiebel, Apfel, ja,
Runde oder ovale Früchte
Einer runden Welt,
Die ausgeklügelten Lappen der Walnuß,
Im Doppelgehäuse zusammengerollt
Wie Föten, im Werden wie im Vergehen.

Aber was ist das dort, im hohen Spiegel?
Ein Zweifüßer, eher Vogel als Affe,
Flügellos, doch mit Armen, mit Klauen.
Stolziert aufrecht umher, bis er
Sich zum Schlafen zusammenrollt;
Muß, hat er den Bauch eines Chinabuddhas,
Verschämt den Wulst verbergen.

Ein Baum dann eher, zwergwüchsig, der läuft,
Vom Wurzelgeflecht getrennt, gegabelt
Nach unten hin, wo er sich spaltet,
Nicht ganz auf halber Strecke zwischen
Grundsubstanz und Krone,
Und einzig der Nabel ist konkav –
Gerade Linien für die Unendlichkeit,
Linien, die sich nie überschneiden werden.

Das Kreuz, das grausame, für die Symmetrie.
Rechtwinkliges Gerüst, oft von Glas
Umschlossen, so daß unberührt bleibt,
Was alles andere als rund ist,
Bis auf den menschlichen Kopf, der herabhängt –
Den höchstens ein geborgtes Licht umkränzt
Von Sonne, Mond, Sternen, den Sphären.
Das Kuppeldach eines Doms vielleicht,

Pre-Gothic, above,
Windowless crypt below.

Beyond those, outside,
All's fidget, manipulation
Called 'news', called 'history'
By the inventors of time,
Fixers of criss-crossed ends,
Adders of noughts – round or oval! –
Billionfold to the diminution
Of this and that, the real and peculiar.

Onion, apple, egg.
Yes, they revolve, evolve
And perish patiently:
This blue-tit's curved underside,
Wavelet of yellow down
Here plopped into stillness,
This fallen trunk left to rot.

So slowly at last we can spiral,
There's no telling ascent from descent,
Perduration from change.

Vorgotisch über ihm,
Die fensterlose Krypta darunter.

Jenseits von all dem, draußen,
Ist alles Hektik, Manipulation,
Von den Erfindern der Zeit
‚Nachrichten' und ‚Geschichte' genannt,
Von den Verknüpfern sich überkreuzender Enden,
Millionenfachen Addierern von Nullen –
Rund oder oval! – zur Verkleinerung
Von diesem und jenem, dem Wahren und Besonderen.

Zwiebel, Apfel, Ei.
Ja, sie kreisen, entstehen
Und vergehen geduldig:
Die geschwungene Unterseite dieser Blaumeise,
Die kleine Welle gelben Gefieders,
Die hier in die Stille gefallen ist,
Dieser umgestürzte, verfaulende Stamm.

So langsam ist am Ende unser Kreisen –
Man kann das Auf vom Ab nicht unterscheiden,
Das Dauernde von der Veränderung.

Winter Evenings, East Suffolk

The sun's and our days are shortening
While before solstice the visible moon fills out,
What on these lowland wide horizons lingers
As though to reiterate, recall, is dusk:
On the south-western from flame to glimmer
Slowly the glow subsides
From scarlet to roseate, amber drifts and shifts
Or else to a strip of blue
Deeper than any a summer noon sustained.
If a black cloud hangs there it shines
Rimmed with departing light.

December's last leafage responds:
A red so dark on this maple
It's nightfall too, detained,
Wisps of pale yellow to ochre
On the rugosa stems wilting
As on those with buds for another year.

Then, moon not yet full, whole skies
Whether clouded or clear
Are silver tarnishing.

Never a night is total
Until our vision, dimmed,
Disowns the shapes, the shadows,
All colours mixed on palettes too far away.

WINTERABENDE, EAST SUFFOLK [übersetzt von Uwe Kolbe]

Wie die der Sonne werden unsre Tage kürzer,
Während vor der Sonnenwende zunimmt der sichtbare Mond.
Was auf diesen Flachland-Horizonten verweilt,
Wie stets zu wiederholen, zu erinnern, ist die Dämmerung:
Auf dem südwestlichen von der Flamme zum Schimmer
Setzt sich langsam die Glut
Von Scharlach nach Rosenfarben, Bernstein, schwebt und hebt
Sich fort zu einem Streifen Blau,
Tiefer als je ein Sommermittag es hielt.
Hängt eine schwarze Wolke da, so leuchtend
Umrandet von scheidendem Licht.

Dezembers letztes Laubwerk gibt die Antwort:
So tief dieses Ahorns Rot,
Auch Nachteinbruch ist's, aufgehalten,
Strähnen fahlen Gelbs bis Ockers
Auf Kartoffelrosenstielen welkend
Wie auf jenen mit Knospen für ein kommendes Jahr.

Dann, der Mond noch nicht voll, ganze Himmel,
Ob bewölkt oder klar,
Sind silbern eingetrübt.

Niemals ist Nacht zur Gänze,
Bis unsere Sicht, gemindert,
Sich der Umrisse entledigt, der Schatten,
Alle Farben gemischt auf zu entlegenen Paletten.

2006

Aging VIII

Years in themselves count for little,
Even anachronism – like Doughty's, Hardy's:
The less they belonged to their eras
The truer they grew to their names.

When this Thomas, doubting celebrant
Of moorland, woodland passions wilder, darker
Than the agenda of drawing-room, board-room, office
Found his Tess too disturbing, his Jude too obscure
For lending library ladies, allotments in magazines –
Good riddance to those, to the laborious plotting,
Deadlines for massed mass-market words! –
Before Edward succeeded Victoria
He'd gone home, retired into verse.

Came the war that no one could win,
The progress of mechanized killing,
Came the blasting of every foundation.
Still he lived on, still would not budge,
Though that modernity made his quaintness quainter.

Time to be gone? Not till dismissed from service,
His winter ultimate in the ducts.

* * *

But what if memory
Moves lost among its landmarks,
Their meanings jumbled, signposts jerked awry,
Of the too many, in the wrong place houses
The early loved one, long ago buried?
All's present, all is past,
The new day's first light merges in the last.

ALTERN VIII [übersetzt von Klaus Anders]

Jahre für sich zählen nicht viel,
Nicht mal Anachronismus – wie Doughtys, Hardys:
Je weniger sie ihrer Ära gehörten,
Je wahrer zu ihren Namen.

Und als dieser Thomas, zweifelnd Feiernder
Von Moorland-, Waldland-Leidenschaften, wilder, dunkler
Als der Tageslauf in Salon, Sitzungssaal, Büro,
Seine Tess zu verstörend fand, seinen Jude zu verworren
Für Damen in Leihbüchereien, Zuteilung in Magazinen –
Kuß und Schuß für sie, für das mühsame Hecken,
Schlußstrich für Massenmarkt-Worte! –
Bevor Edward noch folgte Victoria,
War er längst heim, Versen zugewandt.

Kam der Krieg, den keiner konnt gewinnen,
Der Fortschritt des maschinellen Tötens,
Kam das Sprengen von allen Fundamenten.
Weiter lebte er, blieb auf der Stelle,
Obwohl jene Modernität sein Wunderliches wunderlicher machte.

Zeit nun zu gehen? Nicht, bis aus dem Dienst entlassen,
Seinen Winter endgültig in den Zügen.

* * *

Doch was, wenn Erinnerung
Verloren irrt bei ihren Zeichen,
Verwirrt ihre Bedeutung, Wegweiser schiefgedreht
Von den zu vielen falsch plazierten Häusern,
Die eine früh Geliebte, längst begraben?
Alles ist jetzt, alles vergangen,
Neuen Tags erstes Licht vom letzten umfangen.

Own up, old loiterer awake
At the train window of a lifetime dream
Through stations unrecognizably rebuilt,
The one closed down, the one demolished:
Your hugged realities,
Pressed into song, eked out for story-telling,
Picked up, made up, have become fiction.

Confusion trusted, though, can set you free
To laugh at the destination – Ubiquity!
Dissolving you, this dusk-and-dawn absolves you,
Leaves nothing more to be said.

Gibs zu, du alter Bummelant, wach auf,
Am Zugfenster eines Lebens-Traums
Durch Bahnhöfe, unerkennbar wiederaufgebaut,
Einer jetzt zu, einer zertrümmert:
Deine fest umarmten Wirklichkeiten
Gepreßt in Gesang, gestreckt für das Erzählen,
Aufgelesen, aufgemacht, wurden längst Fiktion.

Verwirrung, vertraut, kann dennoch dich befreien,
Zu lachen über das Wohin – Allgegenwart!
Dich lösend, spricht dich los dies Zwischenlicht,
Läßt nichts zu sagen zurück.

Aging IX

1

In leaden light of another year
A whirlpool opens on ground that was home
To suck in the grasses that grew there,
Bulbs proved perennial, saplings for expectation;
Then the relics that furnished a house,
The made, inherited, looked for, kept for the record.
Down go the rows of books,
Headstones if not re-read, some weathered,
The piles, the files of papers –
Food for the vacuum, sheet by sheet.
It rips from the walls a lifetime's pictures,
Reduces to debris conjunctions held dear.
Digests them? For what renewal, for whose?

Still we stay, you and I, together.
But, memory stripped to a bare cell,
Waiting-room, anywhere, for a train delayed,
Can't trust the few sounds that reach us,
So deeply gurgling that natural shredder gulped.

2

Down goes the conscientious prose, the verse
Once needed, yet a curse
When blocked as when released
By one more angel-beast
In vain defiance of the daily news. –
Things with a silence in them the vortex may refuse.
Trust those, my mortal muse,

ALTERN IX [übersetzt von Uwe Kolbe]

1

Im bleiernen Licht eines neuen Jahrs
Öffnet ein Strudel sich auf Grund, der das Zuhause war,
Das Gras wegzusaugen, das da wuchs,
Geprüfte winterharte Knollen, Schößlinge mit Aussichten;
Dann die Reste von etwas, das ein Haus möblierte,
Gestaltet, geerbt, gepflegt, behalten zur Erinnerung.
Fort gehen reihenweise Bücher,
Grabsteine, falls nie wieder gelesen, manche vergilbt,
Die Stapel, die Ordner von Papieren –
Fraß des großen Staubsaugers, Blatt für Blatt.
Er reißt von den Wänden Bilder der Lebensspanne,
Macht lieb gewordene Verbindungen zu Trümmern.
Verdaut sie? Für welch Erneuern, wessen?

Noch halten wir, du und ich, zusammen.
Doch Erinnerung, zur nackten Zelle entleert,
Einem Wartesaal, irgendwo, für den verspäteten Zug,
Traut den paar Klängen nicht, die uns erreichen,
So tief gurgelnd schlang jener biologische Shredder.

2

Fort geht gewissenhafte Prosa, geht Gedicht,
Einst gebraucht, jedoch als Schimpf,
Wenn aufhielt oder es entließ
Noch so ein Engel-Tier
In müßig Trotz den Meldungen des Tages. –
Dingen mit Stille in sich mag der Vortex sich verweigern.
Sterbliche Muse mein, trau jenen,

One co-progenitor
Of all that could move behind a single door,
Dark continuity
Far less of us, them, me
Than the bare verb to be.
Locking it, love, for my sake minimize
Even the genuine sighs.

Einem Mit-Ahnen
All dessen, hinter einer simplen Tür noch rege,
Dunkles Weitergehen
Viel weniger vom Unser, Deren, Mein
Als das nackte Verb: zu sein.
Schließ, Liebe, ab, mach mir zur Rettung kleiner
Auch die echten Seufzer.

Urgent Repair

That morning the car would not start
As a residual favour the garage man
Was induced to come to the house.

'I'm sorry,' he said when he'd looked,
'It's case for the carburettorologist,
Perhaps with a complication
That would have to be referred
To the senior electronitrician,
Specialist in the inner circuit
Separate from the outer that serves the lights –
Which you see are functioning.
Myself, I'm a tyriatrician
With some competence in exhaust pipes and bumpers;
And the consultants you need
Are at the central depot
Where parking space is restricted –
But so is the waiting-list, we are told,
To a maximum of one year ...'

'What?', I managed to interject,
'Only months ago you still knew
What makes the whole machine move – or stall.
You can't have forgotten that.'

'The whole?', he laughed. 'Where have you been?
Well, you're elderly, as the lingo has it.
And so is your vehicle, one of the also-rans.
Haven't you noticed? The whole is a hole in the system,
Pardon the pun, never again to be filled.
I've heard it whispered, however,
That somewhere someone is working on

EILIGE REPARATUR   [übersetzt von Uwe Kolbe]

Den Morgen sprang das Auto nicht an.
Als Rest-Gefälligkeit ließ sich der Mann von der Werkstatt
Dazu überreden, ins Haus zu kommen.

‚Tut mir leid', sagte er nach einem Blick,
‚Ist 'ne Sache für 'n Vergaserologen,
Kann sein, mit Schwierigkeiten,
Die einen Elektronizisten erfordern,
Einen Spezialisten für interne Schaltkreise,
Getrennt von den äußeren, die für das Licht sorgen –
Die, wie Sie sehen, funktionieren.
Ich selbst bin Reifenitäter,
Kenne mich ein wenig mit dem Auspuff, den Stoßstangen aus;
Und Berater, wie Sie welche brauchen,
Gibt's am Zentral-Depot,
Wo der Platz zum Parken beschränkt ist –
So ist es auch mit der Anmeldeliste, hört man,
Bis zu maximal einem Jahr ...'

‚Was?', gelang mir ihn zu unterbrechen,
‚Vor Monaten nur, da wußten Sie noch,
Was die ganze Maschine veranlaßt zu fahren – oder abzusaufen.
Sie können das doch nicht vergessen haben.'

‚Die ganze?', lachte er. ‚Wo haben Sie denn gesteckt?
Nun, Sie sind was älter, wie man so sagt.
Und Ihre Kutsche ist es auch, obwohl sie's noch macht.
Haben Sie das nicht mitgekriegt? Als Loch ins System ist das Ganze
                              gestanzt,
Verzeihung für's Wortspiel, das ist nicht zu stopfen.
Ich habe was flüstern hören, gleichwohl,
Daß irgendwo irgendwer arbeitet an

A therapeutic supercoordinator –
Which couldn't be human either,
Could it, that ultimate robot-god,
Besides putting an end to another profession.
Meanwhile there may be those who still call themselves
GMs – your general mechanics –
Though you'll find that their expertise
Lies in having learnt what not to take on.

In due course your car could be towed ...'

'Thank you. I'll think about it.'

* * *

The longer I thought about it
The less urgent seemed the repair.
Oh, and the push-bike on which
With a girl friend on hers
I raced through blacked-out streets of bombed London,
Chased by a copper on his heavier mount,
Parting to fox him, give him the slip,
Is Pegasus now, transfigured:
Into freedom we felt we were riding then,
For freedom soon after joined up.

Immobilized now, one leg not fit
Either for riding or walking,
Our village shop and post office
Also things of the past,
The weekly bus about to be made redundant,
I rely on that mythic horse
Whether it flies or limps
And on love to transport me.

Dem therapeutischen Alleskoordinator –
Der ebensowenig menschlich wäre,
Nicht sein könnte, so ein ultimativer Roboter-Gott,
Der ganz nebenbei den nächsten Beruf abschafft.
Derweil könnt es noch welche geben, die nennen sich noch selbst
GMs – General-Mechaniker eben –
Obwohl Sie feststellen werden, daß deren Sachverstand
Darin besteht, zu wissen, was man nicht annimmt.

Ihr Auto könnte zu gegebener Zeit abgeschleppt ...'

‚Danke. Ich denke darüber nach.'

***

Je länger ich darüber nachdachte,
Umso weniger eilig schien die Reparatur.
Ach, und das Fahrrad, auf dem –
Und eine Freundin auf ihrem –
Ich durch die verdunkelten Straßen des bombardierten Londons raste,
Gejagt von einem Polypen auf seinem schwereren Gerät,
Uns trennten, ihn auszutricksen, ihm zu entkommen,
Ist nun Pegasus, verklärt:
In die Freiheit, so unser Gefühl, ritten wir damals,
Um ihretwillen schrieben wir uns ein als Freiwillige.

Nun lahmgelegt, ein Bein nicht fit,
Weder zum Fahren noch Laufen,
Unser Dorfladen und die Post
Genauso Dinge der Vergangenheit,
Der wöchentliche Bus wird eben abgeschafft,
Verlasse ich mich auf das mythische Roß,
Gleich, ob es fliegt oder hinkt,
Und auf die Liebe, mich zu befördern.

AIR ON A SHOE-STRING

Ah, Music, Poesie
To which one could aspire!
'Higher' things formerly
Now pronounced 'hire'.
Into my street-soiled hat
Hardly one coin is dropped,
Rarely a bite for the belly –
Because their ears are stopped
With so much talkie-telly –
Tele- that's lost its vision,
Doles out celebrity
Mixed up beyond derision,
Become advertisement
For this and this and that
All grown indifferent,
Mashed into salesman-chat.

Laugh if this instrument
For other use was meant:
Jews' harp it once could be,
Not boosted, amplified
For puffed inanity,
But silence, like din, defied.

Bad penny perhaps at best,
I circulate, can't rest:
Against the pitter-patter
In traffic, icy rain,
Twanging, turn up again
Only to prove: no matter,
As long as the making's true –
Of tunes or of a shoe –
To do what I must and can.

AIR AUF EINEM SCHNÜRSENKEL [übersetzt von Uwe Kolbe]

Ach Musik, Poesie,
Nach denen man strebte, und wie!
Früher waren Dinge ‚höher',
Heute spricht man das ‚heuern'.
In meine straßenstaubige Kappe
Wird kaum eine Münze fallen,
Knapp für den Bauch ein Happen –
Verstopft sind die Ohren bei allen
Von zuviel TV-Gebrabbel –
Tele- hat verloren die Vision,
Teilt Ruhm zu,
Verblasen schon jenseits von Hohn,
Wird Werbung
Für dieses und dieses und das da,
Zur Indifferenz sich entfärbend,
Gepanscht in Vertreter-Gelaber.

Lache, falls dies Instrument
Anderen Gebrauch verdient:
Maultrommel könnte es einmal sein,
Nicht aufgedreht, verstärkt
Zu aufgeblasner Fadheit, nein,
Der Stille trotzend wie dem Lärm.

Ein fauler Penny vielleicht, im besten Fall,
Kann nicht rasten, kreise überall:
Gegen das Verplätschern
Im Verkehr, im Eisregen,
Klingelnd, komm ich dir wieder entgegen,
Nur zu beweisen: kein Haken dran,
So lange die Machart wahrhaftig nur –
Bei Tönen oder bei einem Schuh –
Zu tun, was ich muß, was ich kann.

Aging X

(Dream Torso)

As psychopomp, not paediatrician now
Suddenly he was there, my father
Last seen when aged sixteen
Some sixty-six years ago
I was called to take my leave of him,
Last heard when his breath came rattling
Through walls and one floor of the house
In London, before the street
Was a bombed site, abandoned.

Bare presence, featureless,
It was he who conferred
With hospital bureaucrats
Emerging from their office,
To urge me kindly: 'Go
Down this long corridor
At the end of which you'll be met
By your doctors, a man and a woman.'

Weary, I walked it
Until the passage was blocked
By a locked door painted white,
Waited a decent while,
Then, wearier, made my way back
To where he stood and confirmed:
'Yes, a muddle, a misunderstanding …
Can you drive a taxi-cab?
We need to get to D.,
Where those doctors are based.'

ALTERN X [übersetzt von Jan Wagner]

(Traumtorso)

Als Psychopompos, nicht als Kinderarzt,
Stand er jetzt plötzlich da, mein Vater,
Den ich zuletzt vor sechsundsechzig Jahren
Mit sechzehn gesehen hatte,
Als man mich rief, um Lebewohl zu sagen,
Zuletzt gehört, als durch die Wände und
Ein Stockwerk unseres Londoner Hauses
Sein Atem rasselte, bevor die Straße
Zerbombte Fläche, Brachland wurde.

Bloße Anwesenheit, ohne Konturen,
War er es, der sich mit den Bürokraten
Des Krankenhauses beriet,
Mich sanft bedrängte: ‚Geh
Diesen langen Gang hinunter;
An seinem Ende triffst du
Deine Ärzte, einen Mann und eine Frau.'

Erschöpft folgte ich dem Gang,
Bis er von einer weißen
Verschlossenen Tür versperrt war,
Wartete eine ganze Weile
Und ging dann noch erschöpfter zurück
Zu ihm, der mir bestätigte:
‚Ein Durcheinander, ja, ein Mißverständnis ...
Kannst du ein Taxi fahren?
Wir müssen nach D.,
Wo diese Ärzte arbeiten.'

A taxi? He'd kept no car, true.
Did he mean a rented one?
'I can't,' I had to answer,
Unable to explain
That more than a decade had passed
Since I gave up driving, let the licence lapse –
Or that this town he had named
Lay in an alien country,
Land of our fathers, Deathland.

Refusal truncated the plot,
Faint morning halflight withheld
The end like the beginning,
Left a locked door, painted white.

Ein Taxi? Stimmt, er hatte nie ein Auto.
Meinte er einen Mietwagen?
‚Nein, kann ich nicht', mußte ich antworten,
Vermochte ihm nicht zu erklären,
Daß mehr als ein Jahrzehnt vergangen war,
Seit ich den Führerschein hatte verfallen lassen –
Oder daß jene Stadt, die er meinte,
In einem fremden Land lag,
Dem Land unserer Väter, Todesland.

Verweigerung kürzte die Handlung ab,
Das schwache Halblicht des Morgens enthielt mir
Das Ende wie den Anfang vor,
Ließ eine verschlossene, weiße Tür zurück.

A Cross-Roads Revisited

At the road-junction of a criss-crossed age
He stands, lone signpost to our heritage,
Signpost all cracked and jumbled like his book,
Both accurate, if patiently you look.
If not, a joker, you reverse his name,
LACSAP, he'll have the last laugh all the same.

Sixty-five years ago I studied it,
Then was diverted by the infinite
Too-manyness of living as of learning.
Marked on those pages now brittle, foxed, returning
Find passages that ever since marked me,
Though left unread, mislaid in memory;

So must indulge it here, his 'odious me',
Vessel of vanity, inanity
Yet the best premiss, apparatus, medium
For his own deep analysis of tedium
When mathematician, calculator still,
He'd reached the limit of his positive skill –

And in an ecstasy shifted from
Proud intellect's play with number, sign, abstraction
To plumbing of our greatest need, distraction,
Stripped bare the 'honnête homme'
More searchingly, relentlessly than Freud,
To prime for grace that ego-tripping void.

Apologist? Yes. But open to every doubt.
Crypto-indoctrinator? Yes. Without
Self-righteous quibbles, reasoning about
That beyond reason which we cannot know,

Ein Scheideweg erneut gesehen [übersetzt von Uwe Kolbe]

Am Abzweig eines kreuz-und-queren Alters
Steht er, verlaßner Wegweiser zum Erbe,
Wegweiser, rissig, wirr so wie sein Buch,
Beides korrekt, schaust du es an in Ruh.
Wo nicht, als Joker, dreh den Namen um,
LACSAP fällt doch der letzte Lacher zu.

Hab's fünfundsechzig Jahr zuvor studiert,
Dann war ich abgelenkt vom Vielzuviel,
Unendlichen des Lebens wie des Lernens.
Markiert auf Seiten, spröd, stockig wiederkehrend,
Find Stellen ich, die mich seither markiert,
Nie nachgeschaut, gedächtnis-nasgeführt;

So werd ihm Nachsicht hier, ‚gehaßtem Ich',
Dem Schiff der Eitelkeit, dem Nichts
Noch besten Vorsatzes, Gerätes, Medium
Der eignen tiefen Analyse von Langwierigem,
Noch Mathematiker, dem Rechnen nur geweiht,
Erreichte er das Limit positiver Fähigkeit –

Und in Ekstase schwang sich von
Des stolzen Intellektes Spiel mit Ziffer, Zeichen, Abstraktion
Zum Klempnern unsrer größten Nöte auf, Zerrissenheit,
Entkleidete den ‚honnête homme'
Forschender, unbarmherziger als Freud,
Bereitete auf Gnade vor die Leere, die so selbstverliebt.

Apologet? Ja. Doch dem Zweifel offen.
Krypto-Indoktrinator? Ja. Doch ohne
Ausflüchte, selbstgerechte, vernünftelnd über,
Was jenseits der Vernunft, was nicht zu wissen,

Power-driven certainty, the deadliest clout –
His arrogant 'angel become beast', but worse,
His and our global curse.
His faith? A gambler's throw
For ever against the odds:
But, nothingness your stake, the game is God's.

Stripped bare his language too, preferred
The plainest, driest word.
The sap he lacked, renounced, was eloquence
In love with its pretence;
Mistrusted poets, damned imagination
He did not lack – nor vision
His clipped words could let through, placed with precision.

'Diseur de bons mots, mauvais caractère':
At this bon mot – it could be Baudelaire –
I have to smile in wry commiseration,
Move to his blanks, the silences, meet him there,
The space he cleared, illumined by negation.

Machtgetriebne Gewißheit, tödlichster Hieb –
Sein arrogantes ‚Statt Engel wird Tier', schlimmer nur,
Sein, unser, der globale Fluch.
Sein Glaube? Eines Spielers Wurf
Auf ewig gegen die Wahrscheinlichkeit:
An Gott das Spiel – dein Einsatz war nur Nichtigkeit.

Entkleidet war sein Sprechen auch, zog vor
Direktestes, trockenstes Wort.
Der Saft, der fehlte, entsagt hat er der Eloquenz
In ihrer Liebe zur Verstellung;
Mißtraute Dichtern und verfluchte Imagination,
Der es ihm nicht ermangelte – noch auch Vision
Ließ zu sein schneidend Wort, gesetzt mit Präzision.

‚Diseur de bons mots, mauvais caractère':
Bei diesem Bonmot – fast wie Baudelaire –
Muß lächeln ich in süßsaurem Mitleiden,
Zu seinen Auslassungen gehen, der Stille, ihn treffen hier,
Den Raum, den er geklärt, erleuchtet durch Verneinung.

In Detention

Somewhere, beyond these walls,
All range, all comprehension ever,
A light shines, justice.

Counted, do days grow weightier?
They dwindle, hollowed out because
We are not in them, severed from the flux
Of past to future, its moods and modes
Called present, waterfall, weir or dew-pond merely,
Spring, inlet, whirlpool, sea tide and current.

The law's arithmetic,
Its minus-plus accounting
Leave blunt the scythe-blade
Whose whetstone honed real time.

From our domestication
We may have strayed, marauding.
But caged here, languish,
Only when dreaming crave the counterblast,
Release of what remains of those
Who've learnt their lesson
And when not numbed are fiercer or more cunning;

Learnt there's no start, no finish
To such diminishment,
False continuities imposed
By the haphazards of conviction,
Power's ledgers of right and wrong –
However altered, cancelled, over-ruled,
Differences equipoised, the balance nil.

Somewhere a light shines, not for them nor us.

IN HAFT

[übersetzt von Uwe Kolbe]

Sonstwo, jenseits dieser Mauern,
Allen Erreichens, allen Begreifens je
Scheint ein Licht, Gerechtigkeit.

Gezählt, wird jeder Tag gewichtiger?
Sie schwinden, ausgehöhlt aufgrund
Unsres Nicht-darin-Seins, abgetrennt von dem Fluß
Des Vergangenen gen Zukunft, seiner Launen, Weisen,
Gegenwart genannt, Wasserfall, Wehr oder nur ein Teich,
Quell, Flußarm, Strudel, Tiden und Strom.

Gesetzes-Arithmetik,
Ihr Plus-und-Minus-Verrechnen
Läßt stumpf die Sensenklinge,
Ihr Wetzstein schleift die Echtzeit dünn.

Von unserer Domestizierung her
Mögen wir verirrt sein, Marodeure.
Doch im Käfig hier verschmachtend
Erflehen nur im Traum wir Konterstoß,
Entlassung dessen, was verbleibt von jenen,
Die gelernt ihre Lektion
Und, so nicht taub geworden, wilder oder schlauer sind;

Gelernt, daß kein Start ist, kein Ziel
Solchen Schwindens,
Falsche Verläufe auferlegt
Von Zufälligkeiten des Urteils,
Der Macht Register von recht und unrecht –
Wenn auch verändert, gestrichen, überholt,
Unterschiede aufgehoben, die Balance gleich null.

Irgendwo scheint ein Licht, weder für sie noch für uns.

Echoes

August autumnal, eyesight watery, blurred
With cataract, glaucoma,
Hearing three quarters gone,
Some good thread holding, webless I've hung on,
Still can breathe in this myrtle's deep aroma
Patchouli-dank, once aphrodisiac
From pale galactic lights against near-black –
By that out-staying stirred.

Elsewhere all's blast inflicted,
Blind retribution's blundering machines,
Tit for tat random, turned promiscuous:
Death dance of 'them' and 'us'
Till the floor crumbles, both in smithereens,
Long-suffering Earth the poorer for the skill
Spent on refinements of such overkill
Or damage done for gain as unrestricted.

Forgiveness, faith, hope, love?
Power's dupes defer them to far heavens above
While from our atmosphere
Winged heralds disappear,
Before few gathered for departure here
Not one swift, swallow, martin seen or heard
By those with minds receptive, senses clear,
Still learners of the what within the word.

'Look where you're going!' – 'Listen when you're addressed!' –
These are no loss to me,
But features known too well for eyes to see,
The too familiar tree
Most present to me when its bark was burning,

ECHOS [übersetzt von Jan Wagner]

In einem Herbstaugust – die Augen trüb, verschwommen
Von Katarakt, Glaukom,
Dreiviertel des Gehörs längst eingestellt –
Ist es ein letzter guter Faden, der mich, netzlos, hält;
Noch atme ich es ein, der Myrte üppiges Arom,
Patschulidumpf, einst ein Aphrodisiakum
Aus Lichtern, bläßlich vor fast schwarzem Universum –
Und bin von diesem Überlebensdrang benommen.

Nur Schmerz und Sturm, was anderswo geschieht:
Blinder Vergeltung fehlgeleitete Maschinen,
Ein wüstes Zahn um Zahn, wohin wir blicken,
Ein Todestanz von ‚uns' und ‚ihnen',
Bis alles platt ist, allesamt in tausend Stücken,
Die arme Erde durch die Kunst, das Wissen
All der Zerstörungswut noch einmal so zerschlissen,
Durchs ungezähmte Streben nach Profit.

Vergebung, Hoffnung, Glaube, Liebe?
Die Machtgenarrten möchten die aufs Himmelreich verschieben,
Während in diesen Breiten
Kaum Boten noch die Flügel spreizen;
Bisher ging kaum einer von ihnen auf die Reise,
Nicht eine Schwalbe sahen und vernahmen
Jene, die offen sind und klaren Sinnes, leise
Gelehrte, die das Was im Wort erahnen.

‚Hör zu, spricht man dich an!' – ‚Gib acht auf deine Füße!' –
Verluste sind nicht diese,
Sondern die Eigenheiten, die man so gut kennt, daß man sie kaum
Noch sieht, der zu vertraute Baum,
So gegenwärtig, als die Rinde brannte,

Whole seasons, years marked mainly by their turning,
Left blank, called silence, small throbs of the air and sea –
As though by seeming rest in constancy
Like news reporters I'd been unimpressed.

To other poverty I can be host,
Shut, shelve the books that log past expedition,
Clutter of shed ambition,
Aware how little baggage is enough –
Less where the tracks are rough –
And so much closer to the books' condition,
In only touching the residual stuff
May hobnob with a ghost.

Wondering at jumbled echoes of things occurred
Or not occurred, to come or not to come –
Whose cry? Whose bragging? Thunder? Kettledrum?
Crash of leaved branch? Mere thrum of life in coma? –
Now I'd be also dumb,
Into coherence never could blend those
Did not re-echoing verses recompose,
Though in arrears, an aggregate grown absurd.

Die Jahre, die man meist am Fortgang nur erkannte,
Schweigen und Leere, Beben in der Luft, im Meer –
Als ob die Ruhe in der Wiederkehr
Mich wie Reporter unbeeindruckt ließe.

Anderer Armut öffne ich die Türen,
Schließe die Bücher über Fahrten, längst vorbei,
Ein ehrgeiziges Allerlei,
Und weiß: Man braucht nicht viel Gepäck – noch eher
Die Hälfte, wird die Reise zäher –
Kann, nur berührend, was da übrig sei,
Dem Zustand all der Bücher sehr viel näher,
Mit einem Geist Gespräche führen.

Ich lausche auf die wirren Echos dessen, was passiert ist
Oder auch nicht, was niemals kommt, was kommen mag –
Wer ruft? Wer prahlt dort? Pauke? Donnerschlag?
Ein frischer Ast, der bricht? Nur komatöses Pochen? –,
Könnte zu alledem noch stumm sein,
Nie all das in Zusammenhänge bringen,
Erschüfen nicht erneut die Verse durch ihr Widerklingen,
Wenn auch verzögert, was als Ganzes längst absurd ist.

Three Moments, Sketched

I

End of October, frost
Holding off in daylight,
Red admirals gather, dip,
Fluttering mark what season
To feast on rotting pears
Chucked on the compost heap –
They that rarely had sucked
The buddleia's nectar, disdained?

Sated, how can they winter
And where, invisibly?
Does the late sunshine lie?
Is it to death they're drinking?
They quiver off questions more vain
Than all that could befall them
Who will never have known the name
Of the wings we call them by.

II

Elongated, the torso, legs
With greater strides than ever
They made for home;
But the head shrunk
To a doorknob added
Less for use than propriety,
As a child might affix it,

Drei Augenblicke, skizziert [übersetzt von Klaus Anders]

I

Ende Oktober, Frost
Hält sich tags zurück,
Die Admirale sammeln sich, gehn nieder,
Flatternde Zeichen welcher Jahreszeit,
Zu feiern auf faulenden Birnen,
Die wer auf den Kompost warf –
Sie, die kaum gesogen hatten,
Verschmäht der Buddleia Nektar?

Satt, wie überwintern sie
Und wo, so unsichtbar?
Lügt der späte Sonnenschein?
Ist es der Tod, worauf sie trinken?
Sie schütteln Fragen ab, eitlere
Als alle, die jene könnt befallen,
Die nie den Namen kannten
Der Flügel, nach denen wir sie nennen.

II

Verlängert der Rumpf, Beine
Als ob, nach Westen gehend,
Mit größeren Schritten als sie
Jemals heimwärts machten;
Doch der Kopf geschrumpft
Zu einem aufgesetzten Türknauf,
Mehr aus Schicklichkeit als zum Gebrauch,
Wie ein Kind es machen würde.

Slowly down the lane
To late welcomings, partings
How lightly, silently
This giant shifts worn limbs,
Then halts, lying flat
And brainless on the tarmac!
So a child would have wondered
At his morning shadow, shorter.

III

November now, half moon
Clear in cleansed air, colder,
So desultory then the sunshine
That even by noon to us
It seemed as unemployed
As the showers in between
On to leaves falling fast
From boughs not yet bare.

If an order ruled it was
The wind's, only the wind's
That rips a green leaf free,
Shivers a slanted beam
Through the leaved boughs bending,
Shakes raindrops down from these
To make food of the fallen,
Feed the still standing tree.

Langsam den Weg lang
Zu spätem Empfang und Abschied
Wie leichthin, schweigend
Bewegt der Riese abgetragene Glieder,
Hält an, liegt flach
Und hirnlos auf dem Asphalt.
So säh ein Kind verwundert
Seinen Morgenschatten, kürzer.

III

November nun, Halbmond
Klar in gewaschener Luft, kälter,
Flüchtig da der Sonnenschein,
Der selbst am Mittag uns
So unbeschäftigt scheint
Wie die Schauer zwischenhin
Auf das Laub, das rasch fällt
Von Zweigen, noch nicht kahl.

Wenn etwas herrschte, dann war's
Der Wind, nur der Wind,
Der ein grünes Blatt losreißt, befreit,
Einen schrägen Strahl
Durch der belaubten Äste Krümmung schauert,
Schüttelt von ihnen Regentropfen,
Nahrung aus den gefallenen zu machen,
Und nährt den Baum, der dort gedeiht.

Sleep's Vessel

So changeable now, it may be the TITANIC
Abuzz with hubbub of the guzzlers, dancers,
Music laid on for those,
Vanity's microcosm
Powered by an engine hidden, muted, money;
Lone sculling-boat else, canoe, then submarine
Kelp for lithe pleasure-ground,
The bearings, mission dream –
Pre-lethal too, not Lawrence's ferry yet.

By day, by night, 'Embark!' is the one call
No matter to what landfall, destination
In any dock, on any beach or bed,
For all are in it, the loved, the sought, the dreaded
Throughout a lifetime and beyond its purlieus
Which a cold flux erodes:
Though never a captain, coxswain, purser speaks
The shallowest boards hold everything ever needed.

Oppression, pain break in, the craft reverts
To what its mortal fittings can and can't,
Becomes a space that's walled
Against rain torrent, billow, current, whirlpool, ice.

Merge in them, move! comes the imperative,
Straight, listing, on or down,
Steered or adrift, nobody's, water's way.

SCHLAFES SCHIFF [übersetzt von Klaus Anders]

So wandelbar nun, kann sein die TITANIC,
Voll vom Lärm der Schlemmer, Tänzer,
Musik für jene aufgeführt,
Mikrokosmos der Eitelkeit,
Angetrieben von verborgener Maschine, gedämpft, Geld,
Einzelnes Ruderboot sonst, Kanu, dann unter See
Tang für geschmeidigen Spielgrund,
Die Peilung, der Auftrag Traum –
Prä-letal auch sie, noch nicht Lawrences Fähre.

Bei Tag, bei Nacht, ‚Einschiffen!' der eine Ruf,
Egal zu welcher Landung, welchem Ziel
In jedem Dock, auf jedem Strand und Bett,
Denn alle sind darin, geliebt, begehrt, gefürchtet
Ein ganzes Leben durch und jenseits seines Umfelds,
Das ein kalter Fluß wegspült:
Obwohl nie ein Kapitän, Bootsmann, Zahlmeister spricht,
Die flachsten Bretter bergen alles was man braucht.

Beengung, Schmerz brechen ein, das Schiff wird das,
Was sterbliches Ausstatten kann, was nicht,
Und wird ein Raum, der abgeschirmt ist
Gegen Sturzregen, Woge, Strömung, Whirlpool, Eis.

Hinein dort, los! kommt der Befehl,
Aufrecht, krängend, nach oben oder unten,
Gesteuert oder treibend, niemandes, Wassers Weg.

Aus dem Nachlass

Reading *The Anatomy of Melancholy*

Gone for a Burton? Yes. But late, too late
In your and my post-melancholy state
Of psyche, humours, diaphragm and guts –
No case for therapeutical erstatz:
To those on sick-leave whom a dole sustains
The husk of continuity remains.
The best long-silenced, while usurpers thrive,
So to survive is to be dead alive.

LESEND   [übersetzt von Klaus Anders]
DIE ANATOMIE DER MELANCHOLIE

Jetzt noch zu Burton? Ja. Doch spät, für das zu spät,
Was dir und mir als Post-Melancholie besteht
Von Psyche, Launen, Zwerchfell, Darm und Matz –
Kein Fall für therapeutischen Ersatz:
Für die zu Haus, versorgt mit Krankengeld,
Von Fortbestand sich nur die Hülse hält.
Die Besten stillgemacht, die Usurpatoren ohne Not,
Wer dabei weiterlebt, ist lebend tot.

Dark Solstice, 2006

Day after day no glint of the sun,
Morning hoarfrost even leaden,
No visible moon, not one star,
The winter viburnum's flushed white
Unfragrant in danknesss by day, by night.

Against absence, against nature
Put out food as ever, provide
For the larger, the flimsiest,
Pheasant, magpie, dove,
Chaffinch to wren and goldcrest,
The grey heron raptor too
Should one fish survive in the pond.

Believe still, while you can,
In swallowtail, damselfly, bee,
Green hairstreak revealed only once,
A long dormant bat's resurgence.

Names too human, enumerated?
Shame forbids them in prayer
Lest we assert once more
What we pretend we know,
What we pretend we need,
What we pretend we are
Who with wastage, with glut
Oil the springs of rejoicing.

If into namelessness
All ever named must pass,
May there be winged kinds to link
Earth with water with air.

Finstere Sonnenwende, 2006   [unter Mitwirkung des Autors übersetzt von Franz Wurm]

Tag für Tag kein Fünkchen Sonne,
Morgens Rauhreif, Abend wie Blei,
Kein Mond zu sehen, kein einziger Stern,
Des Wintergeißblatts erblühtes Weiß
Duftlos im Dunkeln Tag und Nacht.

Wider das Fortsein, wider die Natur
Leg Nahrung aus wie immer, sorge
Für Größeres, für Zarteres, für Elster und
Fasan, Zaunkönig und Goldhähnchen,
Buchfink und Taube,
Den grauen Reiher, den Räuber, auch für ihn
Sollte ein Goldfisch überleben im Teich.

Glaube weiterhin, solange du kannst,
An Biene, Azurjungfer, Schwalbenschwanz,
Nachtfalter, Tagfalter, Marienkäfer, an den
Grüngestrichelten Brombeerfalter
(Ein einziges Mal erblickt), an
Nach langem Schlaf einer Fledermaus Wiederkehr.

Zu menschlich, die Namen, und aufgezählt?
Scham verbietet sie im Gebet,
Daß wir nicht abermals behaupten,
Was zu wissen wir vorgeben,
Was wir zu benötigen vorgeben,
Was wir vorgeben zu sein,
Die wir die Sprungfedern der Freude
Mit Verschwendung schmieren und Gier.

Wenn alles je Benannte
In Namenlosigkeit soll vergehen,
Mög' es Beflügelte geben, zu
Verbinden Erde, Wasser und Luft.

Winter Sun, East Suffolk

Rarer, briefer the rays
More preciously shine,
More widely through the stripped
Bulk of deciduous trees.
And the conifers, black,
Come into their own
As memorials of night
Outlasting glints of leaves,
Whether, cypress, straight up they're urged
Or sideways, yew, must amass.

Before clash of clouds, thunder,
Downpour, darkening,
Quickly a robin dips
To the table strewn with seed,
No vegetarian, snatches
One protein mite from pheasants
That staidly can feast, supreme;
At risk, because fearless, innately
Knows all he needs to know
For so little a life's fulfilment.

This morning with ultramarine
To scarlet the eastern sky warned
Shepherds who long have lain
Where hopes and fears are void,
Their weather-wise ways defunct.
Shifted by sundown, reversed
Against black above, matt greys,
Wisps of bleakness, brightness
More amply those lucent hues fade
Foretelling confusion to come.

WINTERSONNE, OST-SUFFOLK [übersetzt von Klaus Anders]

Seltner, kürzer die Strahlen,
Scheinen kostbarer
Und weiter durch das nackte
Gezweig der laubwerfenden Bäume.
Und die Koniferen, schwarz,
Kommen zu sich
Als Gedenken der Nacht,
Überdauern Glanz des Laubes,
Ob sie, Zypresse, gradauf gedrängt
Oder seitwärts, Eibe, sich füllen.

Noch vor Wolkenwust, Donner,
Sturzregen, Dunkeln,
Huscht ein Rotkehlchen flink
An den Tisch, mit Korn bestreut,
Kein Vegetarier, schnappt sich
Ein Proteinschnitz von den Fasanen,
Die geruhsam schlemmen können, oberst;
Gefährdet, weil furchtlos, weiß es
Angeboren, was es wissen muß
Für den kleinen Bedarf eines Lebens.

Heut morgen mit Ultramarin
Bis Scharlach: das Morgenrot droht
Hirten, die lang gelegen haben,
Wo Hoffnung und Furcht sind hohl,
Die wetterkundigen Wege verweht.
Anders im Abgang, gekehrt
Gegen Schwarz oben, Mattgrau,
Büschel von Öde, Helle,
Üppiger schwinden die strahlenden Töne,
Weisen auf Wirren voraus.

LATE LOVE

Of what use for the fierce art failing
Were monkey glands transplanted?
If passion it was he summoned
First love's it must be, subsumed,
Or else the last, the larger and lighter,
For counterpoise more potent
Than silly sublimation
Nature again still –
This urgent pull towards death,
For counterpoint that silence.

'Mere' fondness? Immanent as the sun unseen,
The blunderer's gifts unsexed.
A vapour now, no thrust,
Risen to form a cloud
That shines and glooms, drifting,
All a life's waters in it, to dissolve:
Glacier, then torrent, then tide,
Then cisterned, puddled, bogged down;
Unravel, too, the doom
Once a masked ball could knot,
Here – a mock-springtime come –
Scarlet mask the cock pheasant puts on.

SPÄTE LIEBE [übersetzt von Klaus Anders]

Was half dem Schwächeln hochgespannter Kunst
Transplantation von Affendrüsen?
Falls Leidenschaft, was er herbeirief,
Mußt es, unterm Strich, die erster Liebe sein,
Ansonsten die letzte, weiter und lichter,
Als Gegenkraft weit besser
Denn lächerliches Sublimieren.
Natur immer noch –
Dieser drängende Zug Richtung Tod,
Als Kontrapunkt zu jenem Schweigen.

‚Bloß' Zuneigung? Darin wie Sonne, ungesehn,
Des Schußligen Gaben, geschlechtlos gemacht.
Ein Dunst nun, kein Drängen,
Aufgestiegen zur Form einer Wolke,
Die leuchtet und dunkelt, driftend,
Eines ganzen Lebens Wässer in ihr, sich zu lösen:
Gletscher, dann Sturzflut, dann Tide,
Dann zisternt, gepfützt, hinabgesumpft;
Entwirren auch das Schicksal,
Das einst ein Maskenball konnt knüpfen;
Hier – ein Scheinfrühling nur –
Scharlachmaske, die der Fasan aufsetzt.

Contradiction, Counterpoint

As one it whizzes, the four-season wheel
Towards its destination now, to crash,
So fast his once responsive landmarks flash
Past a strapped driver's slowed-down recognition.
Pedestrian by nature, when not by choice –
Footslogging carrier of a rifle, kit,
Still at that route march slowness could rejoice:
Things out of bounds purloined, reserved in it,
Though the condition made him less than one,
Mere number there, subsumed, so more than one
With luck, to be released, allowed to feel –
No matter how, where, when: war was transition …

New speed detracts, leaving the real outrun
If he sits motionless,
Dashed, bumped from stress to stress.
His lost companions – are they luggers, trussed,
Of their equipment yet? Or are they dust?

While, time confounded, still I lurk in time
Random as is time's measure I will rhyme.
For what? For timelessness
That can make more of less.

Whizzbang prevails, become the common lot,
But the ground bass sustains a different plot
Which, deaf, I hear, the players, listeners gone
And in this lagging rhythm can trudge on.

WIDERSPRUCH, KONTRAPUNKT [übersetzt von Klaus Anders]

Als eines saust es, das Vier-Jahreszeiten-Rad,
Auf sein Ziel hin: zu zerschellen,
So huschen schnell vorbei einst leicht gespürte Zeichen, sind weg
Dem trägeren Erkennen des Fahrers, festgezurrt,
Fußgänger, wenn nicht durch Wahl, dann Drang –
Fußschindend Träger von Gewehr, Gepäck,
Hat Langsamkeit auf diesem Streckenmarsch erfreut:
Verbotenes entwendet, das in ihr gedeiht,
Und machte auch der Zustand ihn zu weniger,
Zur Nummer im Verbund, so doch mit Glück zu mehr
Als einem, dem, abgelöst, zu fühlen ist erlaubt.
Gleichgültig wie, wo, wann: Krieg war Übergang ...

Neues Tempo mindert, so verläßt er diese Hast,
Wenn er sich nicht bewegt, doch
Gestoßen und gedrückt von Last zu Last.
Seine verlorenen Gefährten – sind sie, gefesselt, noch
Schlepper ihres Rüstzeugs? Oder sind sie Staub?

Derweil, verwirrte Zeit, berg ich mich in Zeit
Und reime ziellos wie der Zeiger, der
Zeit mißt. Wofür? Zeitlosigkeit,
Was ihr gelingen kann: aus weniger wird mehr.

Ratzfatz obsiegt, wird übliches Geschick,
Doch hält der Grundbaß fest an einem andren Stück,
Das, die Spieler und Hörer fort, ich höre, taub, und dann
In diesem nachhinkenden Rhythmus trotten kann.

Iain Galbraith

Editorische Notiz

Dieser Band enthält die letzten Gedichte des 1924 in Berlin geborenen und im Juni 2007 im englischen Middleton verstorbenen Schriftstellers Michael Hamburger. Die letzten: Damit gemeint sind die zwischen 2004 und 2006 geschriebenen siebenunddreißig Gedichte des im Januar 2007 erschienenen Bandes *Circling the Square* (Rundung des Quadrats) sowie fünf weitere, die nach dem Tod des Dichters in einer auf seinem Schreibtisch liegenden Mappe gefunden wurden. Mit sehr großer Wahrscheinlichkeit handelt es sich bei vier der fünf Nachlaßtexte um seine einzigen nach November 2006 entstandenen lyrischen Werke, während sich der gallig-illusionslose Achtzeiler 'Reading *The Anatomy of Melancholy*' als fünftes Gedicht aus dem Nachlaß einer genaueren Datierung bisher entzieht: Vieles weist jedoch auch hier auf eine Entstehungszeit kurz vor oder um November 2006.

Letzte Gedichte gehört zwar zum Spätwerk des Autors, die Dichtung dieses bis zu seinem Lebensende engagierten und hellwachen englischen Moralisten und „gegenstandsbezogenen" Lyrikers paßt jedoch nicht ins konventionelle Schema einer durch Frühwerk, Hochblüte und Verfall gekennzeichneten organischen Theorie der künstlerischen Entwicklung. Was ist aber das Späte an Michael Hamburgers letzten Werken? Gewiß haben diese herben, oft stacheligen Verse einiges mit jener *conditio* gemein, die Theodor W. Adorno in seinem Aufsatz ‚Spätstil Beethovens' (1937) charakterisierte. Adorno betonte die Unversöhnlichkeit, mit der die unbehauste, „sprengende" Subjektivität des Künstlers auf den nahenden Tod reagiert: Was als „Zeugnis der endlichen Ohnmacht des Ichs vor dem Seienden" nach dieser „Zündung zwischen den Extremen" übrigbleibt, sind laut Adorno die „Risse und Sprünge" des unbarmherzig zertrümmerten Spätwerks. Freilich sind auch Hamburgers Gedichte von Schwierigkeit und Widersprüchlichkeit geprägt: Nicht von ungefähr heißt sein letztes Gedicht 'Contradiction, Counterpoint' (,Widerspruch, Kontrapunkt'), begegnet er dem Denker Blaise Pascal – wie es im Gedicht ,Ein Scheideweg erneut gesehen' lautet – weniger in den Aussagen als vielmehr in den ,Auslassungen' des Philosophen: in jenem ,Raum, den er geklärt, erleuchtet durch Verneinung'. Stets präsent in Hamburgers später Lyrik werden Tod, Vergessen und altersbedingte Wahrnehmungsveränderung jedoch keineswegs als Feinde seiner Kunst beklagt. In Gedichten von spitzfindiger Klarheit und großer synthetischer Kraft läßt er – der auch „mit sehenden Augen / Schatten, Leere in Kreaturen, Dingen, / Ihren Namen" sah und „mit hörenden Ohren (…) Hiatus, Zögern / In jeder Flut und Skala" (,Noch einmal') hörte – diese alltäglichen Begleiter des Alterns vielmehr als untergründige Parameter einer unvermindert vitalen Ästhetik integrieren und zelebrieren. So wird die allmähliche Erblindung zur Bedingung der poetischen Vision, die Taubheit zum Resonanzboden eines fortschreitenden „Grundbasses", ,Amnesia' immer wieder als Muse des Alters apostrophiert.

„Was den Spätstil auszeichnet", schreibt der 2003 verstorbene Schriftsteller Edward W. Said in einem posthum veröffentlichten und stark an das erwähnte Werk Adornos angelehnten Essay, „ist nicht nur die intensive Beschäftigung mit dem Älterwerden, sondern ein wachsendes Gespür für Entrückung, Exil und Anachronismus". So gesehen wäre tatsächlich seit den 1960er Jahren ein Spätstil Michael Hamburgers zu konstatieren, als Kategorien wie Selbstauflösung, Vergessen, Anachronismus, Schweigen und Exil zu den wichtigsten Eckpunkten seiner Poetik wurden. Auch den in *Letzte Gedichte* allgegenwärtigen Tod trifft man seit Jahrzehnten in Hamburgers Werk: In einem kurzen Aufsatz ,Über das Altern' schreibt er sogar von dem „Thema Tod im Leben/Leben im Tod, welches vielleicht alle meine dichterischen Variationen durchzieht". Den letzten Gedichten des schottischen Dichters Edwin Muir, an den eines der Gedichte des vorliegenden Bandes erinnert, bescheinigte Michael Hamburger einmal „eine unverbrauchte Entwicklungsfähigkeit": Dieses Urteil trifft nicht minder auf die späten Gedichte Michael Hamburgers zu, die keinen heroischen Kampf gegen die Gebrechlichkeit des Alters führen, kein letztes Aufbäumen gegen die Endlichkeit der menschlichen Physis inszenieren, sondern in der anachronistischen Echolandschaft des Reims und Rhythmus eine einzige, für sich zutreffende Todesart anerkennen: „Eine mit Ach und Krach noch funktionierende menschliche Einheit kann ja nun, wie ein altes Auto, wiederholt repariert, auch mit Ersatzteilen versehen werden. Das aber, was in einem Gedicht schreibt, ist ein Suchen ohne Anfang und Ende. Entweder regt es sich, oder es ist tot."

Nach Anmerkungen, erklärenden Verweisen oder Deutungen des Autors sucht man in Michael Hamburgers Gedichtsammlungen – zumindest in den über zwanzig Lyrikbänden, die für seine englischsprachigen Leser bestimmt waren – vergeblich. Vor allem den größeren Sammelbänden – etwa den 'Collected' oder 'Selected Poems' – stellte er allerdings eine kurze Vorbemerkung voran, die einige Sätze zu den der jeweiligen Sammlung unterlegten Anordnungs- und Auswahlprinzipien enthielt. Hier teilte der Dichter mit, daß er mit Rücksicht auf die enge thematische Verwandtschaft zeitlich weit auseinanderliegender Gedichte eine chronologische Reihenfolge für „nicht optimal" halte (1973). Oder er ließ einige Jahre später wissen (1985, 1994), daß er eine weitgehend zeitliche Reihenfolge seiner Gedichte inzwischen bevorzuge, wenn auch eine, die durch gewisse Zyklen oder Reihen – etwa die Traum- und Baumgedichte oder die „unverdaulichen Brocken" seiner satirischen Verse – unterbrochen werde. Im knappen Vorwort seines letzten zu Lebzeiten veröffentlichten Gedichtbandes – *Circling the Square* – verwarf Michael Hamburger jedoch auch dieses Verfahren: Nunmehr sollten die Gedichte rein chronologisch erscheinen, denn auch solche mit gleichlautenden Titeln wie ‚Altern I–IX' gehörten weder zu einer dezidierten Sequenz noch seien sie als Teile eines kohärenten Ganzen konzipiert worden.

So wurde Michael Hamburgers jahrzehntelanges Ringen um Wahrhaftigkeit in der editorischen Darstellung seiner lyrischen Produktion zu einer poetologischen Auseinandersetzung mit einer komplexen und widersprüchlichen Wirklichkeit, die, wie er schrieb, als „Gegenstand unter dem Gegenstand" der Gedichte „eine untergründige Einheit" in seinem lyrischen Schaffen stifte und unbedingt „der Kontrolle des Dichters entzogen" sei. Wohl als konsequente Umsetzung dieser Erkenntnis erfährt der Leser in einer anderen, der *Selected Poems* von 1988 vorangestellten Notiz, daß der Dichter sich für „nicht kompetent" erachte, eine sinnvolle Auswahl seiner Gedichte zu treffen und daß er, indem er sie anderen, ihm nahestehenden Personen übertragen habe, der Verantwortung für diese Aufgabe „ausgewichen" sei.

Als Michael Hamburger den jetzigen Herausgeber mit der Auswahl von Gedichten für einen neuen Band mit deutschsprachigen Übersetzungen betraute, konnte er freilich nicht wissen, daß er dieses Mal aus einem ganz anderen Grund von der Pflicht einer Entscheidung über die Reihenfolge der Texte entbunden werden sollte. Auch über den Titel des Bandes hatten sich Herausgeber und Dichter vor dessen plötzlichen Tod nicht verständigt, sondern lediglich einmal mit schwarzhumorigem Gusto die Frage erörtert, ob man das Buch nicht „Vorletzte Gedichte" nennen könnte. Was die Anordnung der Gedichte im vorliegenden Band betrifft, hat Michael Hamburger jedoch trotz allem das letzte Wort behalten, denn mit *Letzte Gedichte* setzt sich eine Praxis fort, die der Dichter schon für *Circling the Square* begründet hatte: Die Gedichte, auch die nach seinem Tod gefundenen, erscheinen in der Reihenfolge ihrer Komposition.

Natürlich stellte sich die Frage, in welcher Reihenfolge die wenigen Gedichte des Nachlasses geschrieben worden waren. In der Regel datierte Michael Hamburger die einzelnen, mit einer Schreibmaschine ins Reine geschriebenen Blätter seiner Gedichte nicht, sondern legte sie für die spätere Veröffentlichung, die zunächst meist in Zeitschriften erfolgte, in einer Mappe ab. Für eine genaue Beschreibung der Mappe, die auf dem Schreibtisch des Dichters nach dessen Tod gefunden wurde, sowie dessen Inhalt, bin ich dem Sohn und Nachlaßverwalter von Michael Hamburger, Richard Hamburger, besonders dankbar.

Anhand dieser Beschreibung einerseits und durch den Vergleich andererseits von Mittleilungen über seine Produktion, die der Dichter sowohl an den Herausgeber adressierte als auch an seinen Übersetzer Klaus Anders sowie an David Constantine, Herausgeber der Zeitschrift *Modern Poetry in Translation*, in der die Erstveröffentlichung der vier letzten Gedichte Michael Hamburgers erfolgte, war es möglich, eine Reihenfolge auch für den abschließenden Teil von *Letzte Gedichte* festzulegen, die mit großer Wahrscheinlichkeit der Kompositionsfolge entspricht.

Anmerkungen hatten in seinen englischsprachigen Sammlungen zwar keinen Platz, Michael Hamburger stellte sich für seine deutschsprachigen Gedichtbände jedoch auf andere Bedingungen ein. So enthalten *Unteilbar. Gedichte aus sechs Jahrzehnten* (1997) sowie *Unterhaltung mit der Muse des Alters* (2004) jeweils einige Seiten mit Hinweisen zu Begriffen, Namen oder Hintergründen, die einem deutschen Leser weniger geläufig sein könnten. Daß Michael Hamburger keine absolute Ablehnung der Erläuterung außertextueller Bezüge für sich in Anspruch nahm, zeigen vor allem die Anmerkungen im Band *Unteilbar*: Sie stammen vom englischen Dichter selbst. Aber auch die Anmerkungen in *Unterhaltung mit der Muse des Alters* enthalten viele aus Briefen des Dichters zitierte Hinweise.

Der Tod eines Dichters macht ihn in beunruhigender Weise für die wohl über übel interpretativen „Hilfestellungen" eines Herausgebers wehrlos. Wäre Michael Hamburger noch am Leben, hätte er die im Folgenden angefügten Anmerkungen auf ihre Stichhaltigkeit oder Angemessenheit geprüft; denkbar auch, daß er im einen oder anderen Fall Verzicht angeordnet hätte. Denn um den englischen Dichter einmal zu paraphrasieren: Gedichte wissen besser als Herausgeber, worum es ihnen – und um was es in ihnen – geht. Als fragwürdig müßte vor allem der Versuch bewertet werden, dunkle oder schwierige Stellen im Gedicht auszuleuchten, die dunkel oder schwierig bleiben wollen oder müssen.

Wiesbaden, im Januar 2009

Anmerkungen

Palinodie auf die Elster: „Jenes Ugandische Ei": Das Zertreten eines rohen Eis ist Teil des traditionellen ‚Mato-Oput'-Versöhnungsrituals des nordugandischen Acholi-Stamms.

Einer oder mehrere: „So hatte sich einst die Sonne geteilt": Nebensonnen – Halo-Erscheinungen, die durch Eiskristallwolken verursacht werden und beidseitig der eigentlichen Sonne zu sehen sind –, wurden seit der Antike beobachtet; „im Eiseslicht": Sir Ernest Shackleton beschreibt Nebensonnen (auf Englisch "mock suns and parhelia") im Bericht über seine gescheiterte Südpolreise mit dem Schiff *Endeavour* (*South: The Story of Shackleton's Last Expedition 1914–17* (London, 1919), S. 39). Auch Henry Robertson Bowers' Tagebuch der tragisch endenden *Terra-Nova*-Antarktis-Expedition von Robert Falcon Scott (1910–12) beschreibt an einer Stelle „vier Nebensonnen", während Apsley Cherry-Garrards während derselben Reise von mehreren „Nebenmonden" berichtet, die auch in einem Aquarell von Edward A. Wilson, der während dieser Expedition mit Bowers und Scott sterben sollte, dargestellt wurden (Apsley Cherry-Garrards: *The Worst Journey in the World* (1922) (New York, 2004), S. 46 und 343). In allen diesen Fällen wurde die Erscheinung jedoch von allen Anwesenden beobachtet.

Der Weg und seine Kraft: Der Titel des Gedichts spielt auf ein Buch von Arthur Waley an: *The Way and Its Power: A Study of the Tao Te Ching and its Place in Chinese Thought* (London, 1934).

Grenzen: „Gautama": Siddhartha Gautama, der Begründer des Buddhismus; „weitergeben": Einer Legende zufolge soll Buddha vor seinem Tod die Darlegung seines Dharma (Lehre) angeboten haben. Statt zu sprechen aber drehte er eine Blüte schweigend in der Hand. Allein sein Schüler Mahakasyapa verstand diese Geste als Essenz der Lehre Buddhas und lächelte, woraufhin Buddha erklärte, daß er all seine Weisheit an Mahakasyapa weitergegeben habe; „Mara": ein Dämon, der vergeblich versuchte, Buddha vor dem Erreichen des Nirwana zu verführen.

Noch einmal: „mein Gastgeber, lange tot, / Auf Orkney geboren": 1950 besuchte Michael Hamburger den auf Orkney (Schottland) geborenen Dichter und Übersetzer Edwin Muir in Rom, wo Muir damals lebte: „Edwin Muir führte mich auf eine Dachterrasse, um mir die Mauersegler Roms zu zeigen, die eine besondere Bedeutung für ihn hatten" (Michael Hamburger: *A Mug's Game. Intermittent Memoirs* (Cheadle 1973), S. 236).

Noch einmal Dowland: 1966 schrieb Michael Hamburger das Gedicht ‚Dowland' (*Collected Poems 1941–1994* (London 1995), S. 156; dt. von Klaus Anders in: Michael Hamburger: *Pro Domo: Selbstauskünfte, Rückblicke und andere Prosa*, hrsg. Iain Galbraith (Wien und Bozen 2007), S. 140).

Altern VIII: „je wahrer zu ihren Namen": ein wohl unübersetzbares Spiel mit den Namen Doughty und Hardy. Das altmodisch klingende Adjektiv „doughty" bedeutet soviel wie wacker, "hardy" etwa zählebig, unerschrocken; „dieser Thomas, zweifelnd": das Wort "doughty" in Verbindung mit Thomas weist zwar spielerisch auf den (biblischen) "doubting" (zweifelnden) Thomas hin. Die syntaktische Funktion des Demonstrativpronomens 'this' bzw. ‚dieser' vor „Thomas" könnte jedoch nach einer rückweisenden Unterscheidung verlangen: zwischen dem bis spätestens Zeile 8 eindeutig als Thomas Hardy ausgewiesenen Thomas und einem anderen, unklar definierten Namensvetter. Daß Michael Hamburger mit Letzterem den amerikanischen Landschaftsmaler Thomas Doughty gemeint haben könnte, darf zumindest angezweifelt werden, galten die Bilder Doughtys doch keineswegs als „anachronistisch". Aus Gesprächen mit dem Dichter weiß der Herausgeber, daß er einen anderen Doughty gelesen hatte: den Forschungsreisenden Charles Montague Doughty (1843–1926), der in Saxmundham (wenige Kilometer entfernt von Hamburgers eigenem Wohnort Middleton) geboren wurde. Doughty schrieb den Reisebericht *Travels in Arabia Deserta* (1888), dessen Stil schon damals als archaisch auffiel und sogar als „trotzig rückschrittlich" bezeichnet wurde. Ob Michael Hamburger diesen Doughty mit Thomas Doughty verwechselte, werden wir vermutlich nie wissen; „Tess", „Jude": Romanfiguren von Thomas Hardy.

Eilige Reparatur: „GMs": spielt auf die Abkürzung "GP" an, "General Practitioner": Allgemeinmediziner.

Air auf einen Schnürsenkel: parodiert den Titel einer Bearbeitung vom deutschen Geiger August Wilhelmj der ‚Air' für Violine und Klavier, die den zweiten Satz der 3. Suite für Orchester D-Dur von Johann Sebastian Bach bildet. Wilhelmjs Bearbeitung erhielt den Namen *Air auf der G-Saite*. Seitdem wird in der englischsprachigen Welt Bachs ‚Air' meist als *Air on the G-String* bezeichnet.

Ein Scheideweg erneut gesehen: „LACSAP": Umgedreht geschrieben löst sich Pascals Name in die Bestandteile „lac" (lack, dt.: fehlen, ermangeln) und „sap" (dt. Saft) auf; „gehaßtem Ich": « Le moi est haïssable » (Das Ich ist hassenswert), Blaise Pascal, *Pensées* (Texte établi par Louis Lafuma) (Paris, 1962), S. 278; „honnête homme": « Il faut qu'on n'en puisse (dire) ni il est mathématicien, ni prédicateur, ni éloquent mais il est honnête homme » (Man muß von ihm sagen können, daß er weder Mathematiker noch Prediger noch ein eloquenter Mann ist, sondern ein Mann von Ehre und Bildung", Blaise Pascal, Ebd., S. 290; „Statt Engel wird Tier": « L'homme n'est ni ange ni bête, et le malheur veut que qui veut faire l'ange fait la bête » (Der Mensch ist weder Engel noch Tier, und das Unglück will es, daß wer aus ihm einen Engel machen will, aus ihm ein Tier macht), Blaise Pascal, Ebd., S. 295; „Eines Spielers Wurf": « Il se joue un jeu à l'éxtrémité de cette distance infinie, où il arrivera croix ou pile. Que gagerez-vous? » (Ein Spiel wird gespielt, das bis zum äußersten Punkt dieser unendlichen Entfernung gilt, wo sich entweder Kopf oder Zahl zeigen wird. Was werdet Ihr wetten?) Blaise Pascal, Ebd., S. 188; „Diseurs de bons mots, mauvais charactère": Wer Sprüche klopft, ist ein schlechter Charakter, Blaise Pascal, Ebd., S. 294.

Drei Augenblicke, skizziert: „den Namen ... der Flügel, nach denen wir sie nennen": gemeint ist wohl der zoologische Name der Falter: Lepidoptera (gr. schuppige Flügel).

Schlafes Schiff: „noch nicht Lawrences Fähre": Von dem englischen Dichter D. H. Lawrence stammt das thematisch mit Hamburgers Gedicht verwandte, 1929 geschriebene Poem "The Ship of Death". Sechs bis neun Monate vor Lawrences Tod verfaßt, erschien das Gedicht in der posthum veröffentlichten Sammlung *Last Poems* (Letzte Gedichte). Beschreibt Hamburger ‚Schlafes Schiff' als „prä-letal", so gibt es auf „Lawrences Fähre" kein Aussteigen mehr.

Späte Liebe: Die „Transplantation von Affendrüsen" weist nach Angaben von Michael Hamburger auf W. B. Yeats, der, um seinen Kräfteverfall aufzuhalten, sich eine solche Operation angedeihen ließ (und sie offensichtlich überlebt hat). (Anmerkung des Übersetzers Klaus Anders)

Lesend „Die Anatomie der Melancholie": *The Anatomy of Melancholy* (1621) von Robert Burton (1577–1640); "Gone for a Burton?": englische Redewendung: "to go for a burton" heißt so viel wie abstürzen, sterben, kaputtgehen. Hier spielt die Redewendung freilich auch auf Burtons großes Buch an, das Michael Hamburger im November 2006 – ca. acht Monate vor seinem Tod – wiederlas (wie er am 12. 11. 2006 dem Herausgeber in einem Brief mitteilte) und das er zum ersten Mal am 26. 2. 1942 in einem Tagebuch erwähnt, das er während seines Studiums an der Universität Oxford führte (*String of Beginnings* (London, 1997), S. 89).

Übersetzer und Herausgeber

KLAUS ANDERS, geb. 1952, lebt in Neuwied/Rhein. Veröffentlichungen: *Mittag vorüber, Gedichte* (2003), *Bei Potrelli, Gedichte* (2005) und – als Übersetzer und Herausgeber – Olav H. Hauge, *Spät hebt das Meer seine Woge. Ausgewählte Gedichte* (Norwegisch/Deutsch, 2006).

IAIN GALBRAITH, geb. 1956 in Glasgow, lebt heute als Schriftsteller und Übersetzer in Wiesbaden. Zuletzt erschienen (als Herausgeber und Übersetzer): *Intime Weiten. Schottische Gedichte* (2006), *The Night Begins with a Question. XXV Austrian Poems 1978–2002* (2007), *Michael Hamburger: Pro Domo. Selbstauskünfte, Rückblicke und andere Prosa* (2007) und *Alfred Kolleritsch: Selected Poems* (2007). Für seine Lyrikübersetzungen erhielt er 2004 den John Dryden Prize for Literary Translation.

UWE KOLBE, geb. 1957 in Ost-Berlin. 1980 erschien *Hineingeboren*, der erste von drei Gedichtbänden im Aufbau-Verlag. 1987 Ausreise aus der DDR mit Dauervisum. 1997–2004 Leiter des Studio Literatur und Theater der Universität Tübingen. Lebt als freier Schriftsteller in Berlin. Zuletzt erschienen: *Heimliche Feste, Gedichte*, sowie *Storiella. Das Märchen von der Unruhe*, beide 2008.

JAN WAGNER, geb. 1971 in Hamburg, lebt in Berlin. Übersetzer englischsprachiger Lyrik, freier Literaturkritiker und bis 2003 Mitherausgeber der internationalen Literaturschachtel *DIE AUSSENSEITE DES ELEMENTES*. Neben drei Gedichtbänden – *Probebohrung im Himmel* (2001), *Guerickes Sperling* (2004) und *Achtzehn Pasteten* (2007) – veröffentlichte er mit Björn Kuhligk die Anthologien *Lyrik von Jetzt* (2003) und *Lyrik von Jetzt zwei* (2008) sowie das Buch *Der Wald im Zimmer. Eine Harzreise* (2007). Zahlreiche Auszeichnungen, u.a.: Anna-Seghers-Preis (2004), Ernst-Meister-Preis (2005).

FRANZ WURM, geb. 1926 in Prag, wurde er 1939 vor den Nationalsozialisten nach England in Sicherheit gebracht, wo er 1943–47 an der Universität Oxford studierte. 1949 siedelte er nach Zürich über, leitete 1966–69 das Kulturprogramm von Radio DRS und gründete 1974 mit Moshé Feldenkrais das Zürcher Feldenkrais Institut, dessen Leitung er viele Jahre lang innehatte. Sein erster Lyrikband, *Anmeldung*, erschien 1954. Seitdem veröffentlichte er zahlreiche Gedichtbände und Übersetzungen (u. a. René Char, Paul Valéry, Vladimír Holan, Moshé Feldenkrais). Er lebt heute in Ascona. Veröffentlichungen (Auswahl): *Dirzulande* (Gedichte, 1990), *Dreiundfünfzig Gedichte* (1996), *König auf dem Dach. Eine Auslassung* (1997), *Orangenblau* (Gedichte, 1998), *Blaue Orangen oder das Auge der Pallas Athene. Segmente eines Umgangs um Dichtung* (Essay, 2005).

Nachweise

Alle Gedichte von Michael Hamburger erscheinen mit freundlicher Genehmigung von: The Michael Hamburger Trust.

Der Wortlaut der englischen Originale folgt mit Ausnahme von 'Reading The Anatomy of Melancholy', 'Dark Solstice, 2006', 'Winter Sun, East Suffolk', 'Late Love' und 'Contradiction, Counterpoint': Michael Hamburger, *Circling the Square* (London: Anvil Press Poetry, 2007).

'Dark Solstice, 2006', 'Winter Sun, East Suffolk', 'Late Love' und 'Contradiction, Counterpoint': Erstveröffentlichung in: *Modern Poetry in Translation*, 3:8, 2007.

'Reading *The Anatomy of Melancholy*': Erstveröffentlichung.

‚Späte Liebe' und ‚Tod durch Elektronik': Erstveröffentlichung in *Neue Zürcher Zeitung*.

‚Das Wetter an ihrem Geburtstag', ‚Gegen die Helligkeit', ‚Licht in East Suffolk, Ende November', ‚Palinodie auf die Elster' und ‚Einer oder mehrere': Erstveröffentlichung in: *Konzepte. Zeitschrift für Literatur*, Nr. 25 (2005).

Michael Hamburger   Folio Verlag

‚Einer der großen Lyriker Europas.' Die Zeit

‚Der Folio Verlag nimmt sich des Werks von Michael Hamburger auf rühmenswerte Weise an.' FAZ

Das Editionsprojekt

In der Übersetzung von Peter Waterhouse:

Die Erde in ihrem langen langsamen Traum. Gedicht
Fr. Broschur, 117 S., ISBN 978-3-85256-016-8
Traumgedichte
Fr. Broschur, 64 S., ISBN 978-3-85256-048-9
Baumgedichte
Fr. Broschur, 64 S., ISBN 978-3-85256-064-9
Todesgedichte
Fr. Broschur, 144 S., ISBN 978-3-85256-092-2
Das Überleben der Erde. Gedicht
Fr. Broschur, 106 S., ISBN 978-3-85256-119-6
In einer kalten Jahreszeit. Gedichte
Fr. Broschur, 58 S., ISBN 978-3-85256-154-7
Aus einem Tagebuch der Nicht-Ereignisse. Gedicht
Fr. Broschur, 64 S., ISBN 978-3-85256-270-4

Weitere Werke Michael Hamburgers:

Wahrheit und Poesie
Spannungen in der modernen Lyrik von Baudelaire bis zur Gegenwart
Übersetzt v. Hermann Fischer
Fr. Broschur, 352 S., ISBN 978-3-85256-022-9
Pro Domo
Selbstauskünfte, Rückblicke und andere Prosa. Hg. v. Iain Galbraith
Fr. Broschur, 213 S., ISBN 978-3-85256-344-2
Letzte Gedichte
Hg. und mit einem Nachwort von Iain Galbraith
Übersetzt v. Klaus Anders, Uwe Kolbe, Jan Wagner und Franz Wurm
Fr. Broschur, 180 S., ISBN 978-3-85256-477-7

Über Michael Hamburger:

Peter Waterhouse
Die Nicht-Anschauung
Versuche über die Dichtung von Michael Hamburger
Fr. Broschur, 178 S., mit Audio-CD, ISBN 978-3-85256-299-5
DVD:
Michael Hamburger – Ein englischer Dichter aus Deutschland
Ein Film von Frank Wierke
in Kooperation mit ZDF/3sat & Goethe Institut
72 min., Farbe, ISBN 978-3-85256-442-5